Lina Stromberg

Depression im Alter

Entwicklung, Symptomatik und Prävention

Bibliografische Information der Deutschen Nationalbibliothek:

Die Deutsche Nationalbibliothek verzeichnet diese Publikation in der Deutschen Nationalbibliografie; detaillierte bibliografische Daten sind im Internet über http://dnb.d-nb.de abrufbar.

Impressum:

Copyright © ScienceFactory

Ein Imprint der Open Publishing GmbH

Druck und Bindung: Books on Demand GmbH, Norderstedt, Germany

Covergestaltung: Open Publishing GmbH

Inhaltsverzeichnis

Abbildungsverzeichnis 4

Tabellenverzeichnis...5

1 Einleitung...6

2 Depressionen im Alter 8
2.1 Überlegungen zum Alter – Was bedeutet Alter?.......................................8
2.2 Definition und Krankheitsbild...11
2.3 Symptome einer depressiven Erkrankung...16

3 Klassifikation und Diagnostik 18
3.1 Klassifikation und Diagnose gemäß ICD- 18
3.2 Probleme bei der Diagnostik von Depressionen im Alter 23

4 Folgen depressiver Erkrankungen im Alter..26
4.1 Auswirkungen auf die Mortalität...26
4.2 Suizidalität 27

5 Epidemiologie der Depression im Alter in Deutschland...............................28
5.1 Prävalenz 28
5.2 Versorgungsrelevante Aspekte...33

6 Einflussfaktoren auf die Entwicklung einer Depression im Alter 35
6.1 Genetische Einflussfaktoren..36
6.2 Biologische Einflussfaktoren...37
6.3 Psychosoziale Einflussfaktoren...39

7 Maßnahmen zur Prävention einer Depression im Alter 42
7.1 Kognitive Verhaltenstherapie 43
7.2 Das Kompetenznetz „Depression, Suizidalität".....................................46
7.3 Bewegungstherapie..50

8 Fazit...53

Literaturverzeichnis..55

Abbildungsverzeichnis

Abbildung 1: Depressive Herabgestimmtheit 13

Abbildung 2: Diagnose depressiver Episoden und Schweregrad nach ICD-10-Kriterien 22

Abbildung 3: Bio-psycho-soziales Modell 35

Tabellenverzeichnis

Tabelle 1: Hauptkategorien affektiver Störungen nach ICD-10 19

Tabelle 2: Prävalenz (Angaben in %) von aktuell bestehender depressiver Symptomatik (gemäß PHQ)...29

Tabelle 3: Lebenszeitprävalenz (in %) von diagnostizierter Depression...............30

Tabelle 4: 12-Monats-Prävalenz (in %) von diagnostizierter Depression 31

1 Einleitung

Die Prävention depressiver Erkrankungen im Alter besitzt einen hohen Stellenwert für Patienten und Gesellschaft (vgl. Blume & Hegerl 2008: 62). So lautet die Meinung vieler Wissenschaftler, die sich mit dieser psychischen Krankheit und deren Auswirkungen auseinandergesetzt haben. Denn die Depression stellt die häufigste nicht-dementielle Erkrankung im Alter dar und erreicht mit einer Auftrittswahrscheinlichkeit von 8-16 % eine relevante Größenordnung (vgl. Mühlig et al. 2015: 53). Dabei gehört die depressive Störung zusätzlich zu den Krankheiten mit den größten und weitreichendsten Folgen für die Lebensqualität von Betroffenen, da sich diese Erkrankung auf jeden Bereich des alltäglichen Lebens auswirkt. Bei älteren Menschen drücken sich diese Konsequenzen insbesondere in Form von erhöhter Sterblichkeit und Suizidalität aus. Aufgrund dieser epidemiologischen Ausprägung und gesundheitseinschränkenden Auswirkungen, ist die Entwicklung präventiver – insbesondere primärpräventiver – Maßnahmen zur Vermeidung von Depressionen im Alter von essentieller Bedeutung für ältere, depressionsgefährdete Menschen und für die Gesellschaft. Ziel dieser Ausarbeitung ist daher die Beantwortung der Fragen, welche Faktoren die Entwicklung einer Depression im Alter beeinflussen und wie man einer solchen Entwicklung entgegenwirken kann.

Diesbezüglich wird zunächst die Krankheit Depression näher erläutert. Dazu gehören die Definition sowie die Darstellung des Krankheitsbildes, der Symptome, der Vorgehensweise und der Probleme bei der Klassifikation und Diagnostik von depressiven Störungen im Alter. Daran anknüpfend soll ein Überblick über die gesundheitlichen Folgen von Depressionen im Alter gegeben werden, wobei insbesondere die Aspekte der Mortalität und Suizidalität untersucht werden. Anschließend werden im darauffolgenden Kapitel Angaben zur Epidemiologie und Prävalenz der Depression im Alter gemacht. Im Zuge dessen werden auch kurz versorgungsrelevante Aspekte dargelegt. Danach findet die Untersuchung der ersten Forschungsfrage statt. Demnach wird herausgearbeitet, welche Einflussfaktoren auf die Entwicklung einer Depression im Alter einwirken, wobei dies aus genetischer, biologischer und psychosozialer Perspektive betrachtet wird. Dieses Kapitel dient zum einen dem Verständnis, wie depressive Störungen im Alter entstehen und zum anderen, welche Faktoren bei der Entwicklung von Präventivmaßnahmen berücksichtigt werden müssen. Im Anschluss daran soll sich der Beantwortung der zweiten Forschungsfrage gewidmet werden, nämlich wie der Entwicklung von Depressionen im Alter entgegengewirkt werden kann. Dazu werden drei ausgewählte präventive Beispiele vorgestellt – die kognitive Verhaltenstherapie, das Kompetenznetz „Depression, Suizidalität" und die Bewegungstherapie. Zum Abschluss werden die Ergebnisse dieser Ausarbeitung rekapituliert und in einem Fazit zusammengefasst.

2 Depressionen im Alter

Im folgenden Kapitel steht die Einführung in die Thematik und die Veranschaulichung des Begriffs und Krankheitsbildes der Depression im Vordergrund. Dazu werden anfänglich Überlegungen zum Thema Alter angestellt, mit denen geklärt werden soll, ab wann man als „alter Mensch" gilt und auf welchen Alterszeitraum sich Depressionen im Alter beziehen. Im Anschluss daran folgt die Definition des Begriffs Depression sowie die Darstellung der Symptome einer depressiven Erkrankung. An dieser Stelle soll ferner die Frage geklärt werden, ob es sich bei einer Depression im Alter um eine eigenständige Erkrankungsform (die sog. Altersdepression) oder lediglich eine Depression in einem spezifischen Alterszeitfenster handelt und somit dieselben bzw. sehr ähnliche Symptome aufzeigt wie eine Depression im jüngeren oder mittleren Alter.

2.1 Überlegungen zum Alter – Was bedeutet Alter?

Da diese Arbeit Depressionen im fortgeschrittenen Alter thematisiert und untersucht, erscheint es sinnvoll, zunächst einige Aspekte zum höheren Lebensalter anzuführen. Dies beinhaltet zum einen Überlegungen zum Prozess des Alterns, zum anderen die Klärung der Frage, ab wann für einen Menschen „das Alter" beginnt und auf welchen Alterszeitraum sich somit eine Depression im Alter bezieht.

Zu Beginn ist diesbezüglich hervorzuheben, dass das menschliche Altern einen individuellen Prozess beschreibt, welcher demnach von ausgeprägten interindividuellen Unterschieden gekennzeichnet ist (vgl. Wolfersdorf & Schüler 2005: 8; Neubart 2015: 4). Diese Unterschiedlichkeit bezieht sich dabei sowohl auf die physische als auch auf die seelisch-geistige Ebene (vgl. Schnurr 2011: 108). Der Prozess des Alterns wird, neben dem Faktor der Individualität, aber auch durch gesellschaftliche Entwicklungen beeinflusst. So definiert die Gesellschaft, unter anderem durch die Beendigung der Arbeitszeit, bestimmte Altersgrenzen und sie gibt Altersbilder vor, die nicht nur das Selbstbild alternder Menschen, sondern auch die Einstellung jüngerer Menschen gegenüber älteren sowie gegenüber dem Alter selbst prägen (vgl. Wolfersdorf & Schüler 2005: 8). Die Gesellschaft spricht älteren Menschen bzw. „dem Alter" also spezifische Rollen und soziale Funktionen zu und definiert somit auch die Ideale und Leitbilder eines guten sowie erfolgreichen Alterns (vgl. Wolfersdorf & Schüler: 8)

In Deutschland gilt das Ausscheiden aus dem Berufsleben als die primäre Grenze, ab der das Alter eines Menschen beginnt, wobei das Renteneintrittsalter derzeit noch bei 65 Jahren liegt (vgl. ebd.: 8). Sowohl aus biologischer als auch aus psychologischer Perspektive ist eine solche Festlegung allerdings problematisch und wenig sinnvoll, da zahlreiche soziokulturelle und politisch-ökonomische Einflussfaktoren auf sie einwirken (vgl. Wolfersdorf & Schüler 2005: 8). Beispielsweise liegt nämlich das Renteneintrittsalter in Deutschland bei 65 Jahren und in Frankreich bei 61,2 Jahren (vgl. Wirtschaftswoche: 15.08.2017). Obgleich dieser Problematik hat sich die Begrifflichkeit des „dritten Lebensalters" (Alterszeitraum zwischen 65 und 79) und des „vierten Lebensalters" (Zeitraum ab dem 80. Lebensjahr) etabliert (vgl. Backes et al. 2013: 22 ff.).

Als universelles Charakteristikum für die gesamte Lebensspanne gilt aber, dass Alter immer eine Relation zu einer anderen Person bedeutet: zwischen 9- und 18-Jährigen genauso wie zwischen 65- und 80-Jährigen, wobei typischerweise der 9-Jährige sich als „schon 9 Jahre alt" betrachtet, der 80-Jährige sich als „erst 80" (vgl. Wolfersdorf & Schüler 2005: 8). Damit wird dem jeweiligen Alter sukzessiv positive oder negative Wertigkeiten beigemessen, wie sie im Ausdruck „alt" an sich stets steckten, nämlich im gegensätzlichen Sinne von „kostbar" einerseits und „Wrack" andererseits (vgl. ebd.: 8).

Ein weiterer wichtiger Aspekt bei der Untersuchung der Begrifflichkeit des Alters ist die Entwicklung vom lange Zeit existenten Defizitmodell des Alterns zum nun überwiegend vorherrschendem Kompetenzmodell des Alterns. Herrschte vor einiger Zeit also noch die Überzeugung, dass der Alternsprozess mit einem kontinuierlichen, natürlichen und somit unumstößlichem Nachlassen körperlicher, geistiger und emotionaler Kompetenzen verbunden ist, so werden heute die Stärken hervorgehoben, die das Alter mit sich bringt (vgl. Wiese 2010: 56ff.). Erst die Einführung des Kompetenzmodells des Alterns konnte deutlich machen, dass das menschliche Altern nicht primär Abbau, sondern vielmehr Umbau darstellt mit intensiven psychischen, somatischen und sozialen Wechselwirkungen (vgl. Wolfersdorf & Schüler 2005: 10). Diesbezüglich betrachtet die „Deutsche Gesellschaft für Gerontopsychiatrie und-psychotherapie" den Alternsprozess heute als „biologisches, biographisches, soziales, finanzielles, ökologisches sowie epochales Schicksal, dem sich kein Mensch entziehen kann" (DGGPP: http://www.dggpp.de/documents/gp_begr.pdf). Dabei ist Alter beziehungsweise Altern nichts Statisches, sondern ein mehrdimensionaler dynamischer Prozess, wobei sich mehrere voneinander abgrenzbare

Lebensphasen beobachten lassen (s. „drittes und viertes Lebensalter") (vgl. DGGPP: http://www.dggpp.de/documents/gp_begr.pdf; Wolfersdorf & Schüler 2005: 10). In jedem dieser Abschnitte müssen diverse Aufgaben bewältigt werden. Die körperlichen, psychischen und sozialen Fertigkeiten dazu sind individuell und ungleich zwischen jedem alternden Individuum verteilt. Diese Ungleichverteilung wird insbesondere dann evident, wenn ältere Menschen mit Sterben und Tod konfrontiert werden und hierauf jeder seine eigene Antwort finden muss (vgl. Wolfersdorf & Schüler 2005: 10; DGGPP: http://www. dggpp.de/documents/gp_begr.pdf). Für einen alten Menschen gelten folglich die gleichen psychodynamischen Gesetzmäßigkeiten, Triebbedürfnisse und innerseelischen Konflikte wie für einen jüngeren Menschen (vgl. Wolfersdorf & Schüler 2005: 10). Gleichzeitig ist er ein „von seiner körperlichen, psychischen und sozialen Vergangenheit, seiner biographischen Gewordenheit und seiner spirituellen Einbettung sowie seiner kulturellen Umgebung geprägter Mensch", der nun mit seiner Sterblichkeit konfrontiert wird und diese neue Herausforderung bewältigen muss (ebd. 2005: 10).

Aus diesen Überlegungen lassen sich einige Schlüsse für den weiteren Verlauf dieser Arbeit und somit der Untersuchung von Depressionen im Alter ziehen. Zum einen konnte festgestellt werden, dass der Prozess des Alterns und das Alter an sich sehr individuell sind und es somit auch nicht die eine Altersgrenze gibt, ab der nun jeder Mensch alt ist. Zum anderen bedeutet aus Sicht des heute aktuellen Kompetenzmodells des Alterns, dass Alter und Altsein nicht zwangsläufig Krankheit bedeutet und dass das höhere Lebensalter nicht automatisch eine genetische Disposition für die Entwicklung einer Depression aufweist. Denn, wie zuvor erläutert, besitzt jeder ältere Mensch unterschiedliche Eigenschaften und Fähigkeiten, sodass nicht jeder Mensch im höheren Alter eine Depression entwickelt. Ein weiterer wichtiger Aspekt ist die Erkenntnis, auf welchen Alterszeitraum sich eine Depression im Alter bezieht. Auch wenn in diesem Kapitel aufgezeigt wurde, dass es keine allgemeingültige Festlegung dafür gibt, ab wann man alt ist bzw. sich „im Alter" befindet, so besteht in der Wissenschaft Konsens darüber, dass man sich an dem gesellschaftlich festgelegten Renteneintrittsalter orientiert. Demnach beziehen sich Depressionen im Alter auf die Personengruppe der ab 65-Jährigen (vgl. Müller et al. 2005: 11; Meller et al. 2007: 61). Diese Altersgrenze wird auch im weiteren Verlauf dieser Arbeit übernommen.

2.2 Definition und Krankheitsbild

Nachdem zuvor allgemeine Aspekte zum Alter(n) dargestellt wurden und die Frage geklärt wurde, auf welchen Alterszeitraum sich eine Depression im Alter bezieht, soll im Folgenden die Erkrankung selbst untersucht und illustriert werden. Dazu wird die Begrifflichkeit sowie das Krankheitsbild der Depression definiert und näher beleuchtet, ehe daran anschließend die Kriterien zur Klassifikation und Diagnose einer depressiven Erkrankung veranschaulicht werden. Nachstehend erfolgt also zunächst die Definition und Beschreibung der Krankheit Depression.

Im Allgemeinen wird die Depression als die „menschlichste" aller Erkrankungen beschrieben, da sie alle Altersgruppen sowie alle Schichten befallen kann und eine gewisse Identifikationsmöglichkeit mit diesem Leiden in sich birgt, weil beinahe jeder schon einmal eine „depressive Verstimmung" erlebt hat (vgl. Hole 1997: 101 ff.; Stotz-Ingenlath 2005: 565). Eine depressive Erkrankung kann folglich auch im höheren Alter bzw. bei Menschen ab dem 65. Lebensjahr auftreten. Die Manifestation einer Depression in diesem Alterszeitraum wird vielfach als Altersdepression bezeichnet. Doch handelt es sich dabei überhaupt um eine spezifische Erkrankung, die sich von der „allgemeinen" Depression abgrenzen lässt? Bevor der Begriff der Depression näher betrachtet wird, erscheint es also angebracht, sich zuvor mit dieser Fragestellung auseinanderzusetzen.

Der Psychiater Emil Kraepelin sah in depressiven Zuständen, die im Alter auftraten einen eigenständigen Krankheitsbegriff – die sog. Altersdepression. Er hielt diese für eine erworbene, nicht endogen bedingte Erkrankung, was bedeutet, dass ihr Auftreten nicht auf eine genetische Disposition zurückzuführen sei (vgl. Kraepelin 1896: 80 ff.; Stotz-Ingenlath 2005: 566). Weiterhin sei sie prognostisch ungünstig und insbesondere durch Angst und hypochondrische Befürchtungen gekennzeichnet (vgl. Kraepelin 1896: 81 ff.; Stotz-Ingenlath 2005: 566). Dieses Konzept einer klar abgrenzbaren Altersdepression ist im weiteren Zeitverlauf noch lange aufrechterhalten und weiterentwickelt worden. So differenzierte man die sog. Involutions- oder auch Spätdepression mit einem Auftreten der depressiven Symptome nach dem 45. Lebensjahr und die Altersdepression mit einer Manifestation nach dem 60. Lebensjahr (vgl. Stotz-Ingenlath 2005: 566). Heutzutage geht man allerdings davon aus, dass sich eine depressive Erkrankung im höheren Alter in ihrer vielfältigen Symptomatik nicht kategorial von einer depressiven Erkrankung in jüngeren Jahren unterscheidet, sondern sich je nach

Ausprägung und Schweregrad den verschiedenen depressiven Erkrankungsformen zuordnen lässt (vgl. Kurz 1997: 33; Wernicke et al. 2000: 7 f.; Stotz-Ingenlath 2005: 566). Demnach ist die Klassifikation der Altersdepression als eigenständiger Krankheitsbegriff obsolet, denn sie lässt sich kategorial nicht von einer „allgemeinen" Depression unterscheiden. Die Bezeichnung „Depressionen im Alter" scheint demgemäß treffender zu sein. Im Folgenden wird daher nun erläutert, wie aus heutiger Sichtweise eine Depression im Allgemeinen definiert wird.

Eine Depression ist eine psychische Erkrankung bzw. Störung, wobei sich der Begriff Depression vom lateinischen Wort „deprimere" ableitet und „herunterdrücken" bedeutet. Darunter versteht man ein seelisches und körperliches sich manifestierendes „Bedrücktsein", welches die Gedanken, Gefühle und den Körper, also das gesamte „Ich" eines Menschen betrifft (vgl. Stotz-Ingenlath 2005: 565). Wesentliche Merkmale dieser Krankheit stellen dabei die Beeinträchtigung der Stimmung, Niedergeschlagenheit, Verlust der Freunde, emotionale Leere, Antriebslosigkeit, Interessenverlust und zahlreiche körperliche Beschwerden dar (vgl. Hautzinger 2000: 3). Eine Depression bedroht den Menschen also in seinem körperlichen Befinden, seinem Denken, seiner Gestimmtheit und in seinen Gefühlen, seinen Bezügen zur Umwelt, zur eigenen Person sowie zur Zukunft (vgl. Wolfersdorf 2011: 5). Sie übt einen großen Leidensdruck auf Betroffene aus und kann diese bis zur Unfähigkeit, den eigenen Lebensverpflichtungen nachzukommen, beeinträchtigen, sodass diese Erkrankung auch zwischenmenschliche, berufliche und soziale Folgen haben kann (vgl. Stotz-Ingenlath 2005: 565 f.; Wolfersdorf 2011: 5). In ihrer schwersten Ausprägung schließt sie die Erkrankten in einer solchen Weise ein, dass diese über ihr eigenes Leid nicht mehr hinauszuschauen vermögen und somit auch den Glauben an sich, an Heilungs- bzw. Hilfsmöglichkeiten und an die Zukunft verlieren (vgl. Wolfersdorf 2011: 5). Befindet sich ein Betroffener in einer solchen Ausprägungsform der Depression, besteht stets die Gefahr eines Suizids.

Es kann also festgehalten werden, dass die Depression im Sinne einer Krankheit als ein Zustand behandelt wird, der zu deutlichen Symptomen im seelischen und körperlichen Bereich führt, das soziale Leben und die zwischenmenschlichen Beziehungen beeinträchtigt, die Arbeits- und Lebensqualität schädigt und mit Leiden und Krankheitsgefühl bishin zur Freud- und Gefühllosigkeit einhergeht (vgl. ebd.: 5). Um nach der Definition nun das Krankheitsbild einer Depression näher zu beschreiben, wird im Folgenden veranschaulicht, wie depressiv Erkrankte fühlen und denken.

Hinsichtlich des Krankheitsbildes ist zunächst einmal festzuhalten, dass es sich bei der Depression um eine affektive Störung handelt. Bei einer solchen Störung ist das Hauptsymptom in der Störung von Stimmung (Gestimmtheit) und Gefühlen angesiedelt (vgl. ebd.: 18). Bei Depressiven drückt sich diese Stimmung in einer sog. *depressiven Herabgestimmtheit* aus. Dies bedeutet, dass die Betroffenen nicht einfach nur „keine gute Stimmung haben, wie das bei fast jedem Menschen einmal so ist, sondern sie sind nicht mehr aufhellbar (z.B. durch Zuwendung) oder nicht mehr schwingungsfähig bei sozialem Kontakt mit anderen Menschen, beim Erleben von Zuwendung, Freude oder auch ärgerlichen Ereignissen (vgl. ebd.: 19). In Abbildung 1 wird dieser Umstand veranschaulicht.

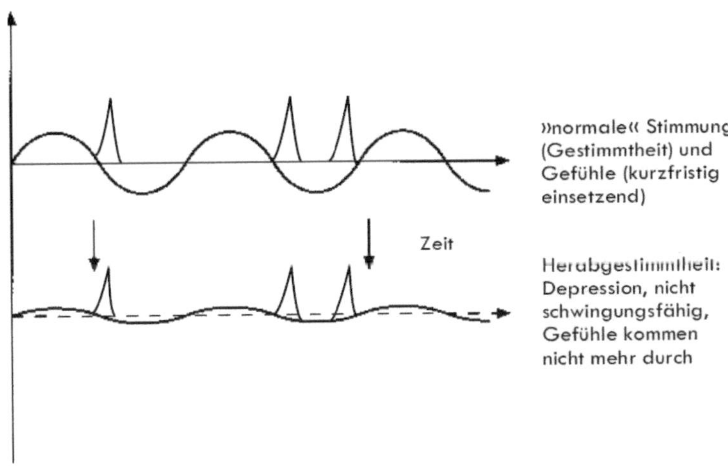

Abbildung 1: Depressive Herabgestimmtheit
Quelle: Wolfersdorf 2011: S. 19

Der obere Graph stellt die „Schwingungskurve" eines nicht-depressiv Erkrankten dar, der eine „normale" Gestimmtheit besitzt und bei dem Gefühle einsetzen. Seine Stimmung ist schwingungsfähig und seine Gefühle sind spür- und erlebbar, das heißt, dass beispielsweise soziale Kontakte oder Zuwendungen eine bestimmte Stimmung sowie spezifische Gefühle – positiv wie negativ – in ihm auslösen und er diese auch wahrnehmen kann. Der untere Graph zeigt genau das Gegenteil: Hier wird die „Schwingungskurve" eines Depressiven mit der damit einhergehenden depressiven Herabgestimmtheit verdeutlicht. Diese Person ist nicht mehr schwingungsfähig und Gefühle dringen nicht mehr zu ihm durch, sodass beispielsweise soziale Kontakte oder Zuwendungen keine bestimmten Stimmungen oder Gefühle auslösen können, da er diese eben nicht mehr wahrnehmen kann. Sie können also weder sich freuen noch weinen und beschreiben ihre Gestimmtheit so, dass sie sich bedrückt, niedergeschlagen, trostlos, gequält sowie schwermütig fühlen und nicht in der Lage seien überhaupt etwas zu empfinden oder zu genießen (*Gefühl der Gefühllosigkeit*) (vgl. Wolfersdorf 2011: 20). Eine solche depressive Herabgestimmtheit wird dabei insbesondere in der schweren oder sog. tiefen Depression deutlich (vgl. ebd.: 19).

Daneben gibt es aber auch Betroffene, die weniger unter einer globalen depressiven Herabgestimmtheit leiden, also einer die gar keine Schwingungen mehr aufweist, sondern deren *depressive Verstimmung* sich als ein Schwingen um eine normale Schwingungskurve (s. Abb. 1, oberer Graph) zeigt, welche sowohl Traurigkeit, Weinen, Klagsamkeit als auch aggressive Gereiztheit beinhalten kann (vgl. ebd.: 20). Bei alten Menschen kann demgemäß aggressives Verhalten oder auch Klagsamkeit auf eine depressive Verstimmung hinweisen. Denn bei älteren Betroffenen ist die depressive Herabgestimmtheit häufig nicht immediat spürbar, da heutige alte Menschen häufig noch gelernt haben, keine Gefühle zu zeigen. Deshalb muss ein solches Verhalten bei Älteren stets hinterfragt werden (vgl. Wolfersdorf 2011: 55).

Nicht nur die depressiven Verstimmungen sind ein wesentliches Merkmal des Krankheitsbildes einer Depression, sondern auch *Angstgefühle*. Am häufigsten ist dabei die Angst vor allem was auf einen zukommt und die den am Morgen erwachten Depressiven bereits überkommt, wenn er an seine Verpflichtungen, an die Abläufe des Tages, an die Dinge, die geleistet werden sollen und müssen, denkt (vgl. ebd.: 20). Aber auch Zukunftsängste und Ängste von anderen nicht verstanden, nicht gemocht, nicht akzeptiert zu werden oder alleine nicht lebensfähig zu sein, gehören dazu (vgl. ebd.: 20 f.). Bei einem älteren Menschen könnte dies zum Beispiel die Angst davor sein, in absehbarer Zukunft nicht mehr selbstständig leben zu können und möglicherweise sogar in eine Pflegeeinrichtung umziehen zu müssen. Ferner kann es eine Vielzahl an Befürchtungen geben, die sich auf den körperlichen Zustand, auf die Folgen der momentanen Erkrankung, auf Handlungen in der Depression, auf Wirkungen und Nebenwirkungen der Therapie beziehen (vgl. Wolfersdorf 2011: 21). Nicht selten leiden depressiv Erkrankte zudem an Panikattacken, Todesängsten oder phobischen Ängsten, die ohne ersichtlichen Grund auftreten können (vgl. ebd.: 21).

Wenn man sich anschaut, wie Depressive denken, dann ist insbesondere herauszustellen, dass sie häufig in *Grübelzustände* verfallen, welche mit einem Kreisen der Gedanken und einem Gefangensein in immer den gleichen Überlegungen verbunden sind und besonders stark sind, wenn äußere Ablenkungs- oder Entlastungsmöglichkeiten fehlen oder scheinbar nicht mehr zu erreichen sind (vgl. Wolfersdorf 2011: 24). Des Weiteren entsteht ein Gefühl der Leere im Kopf, der Einfallslosigkeit - häufig einhergehend mit einer Verlangsamung von Gedanken – und es findet eine Monotonisierung und Verlangsamung der Sprache sowie Formulierung statt (vgl. ebd.: 24). Zudem besteht vermehrt der Wunsch nach Ruhe und nach einer Pause von seinem Leidensdruck, wobei an dieser Stelle bei dem Betroffenen häufig die Entwicklung von Suizidgedanken einsetzt. Bei der Entwicklung von der Suizididee zur Suizidabsicht, also dem Gedanken oder der erklärten Absicht, sein Leben beenden zu wollen, spielen Hoffnungslosigkeit oder eine Wahnsymptomatik eine Rolle, zuweilen sogar die altruistische Vorstellung, ohne den depressiven Menschen gehe es, z.B. der Familie, besser (vgl. ebd.: 24). Insbesondere bei älteren Depressiven löst die Erkrankung eine sehr große existentielle Verunsicherung aus, da alte Menschen ihre Einstellungen und Lebenskonzepte weniger schnell ändern können und sie sich deshalb häufiger die Frage stellen, ob es überhaupt noch einen Sinn ergibt, so weiterzuleben (vgl. Wolfersdorf 2011: 55). Es leiden also beinahe alle Menschen mit einer Depression unter Todeswünschen und Suizidideen, die meisten von ihnen sind jedoch der Vermittlung von Hoffnung und kompetenter Behandlung gegenüber offen eingestellt (vgl. ebd.: 24). Dennoch stellt die Depression auch heutzutage noch die tödlichste psychische Erkrankung dar, insbesondere was die schwer- und schwerst- depressiv Erkrankten betrifft (vgl. Harris et al. 1997: 211; Mortensen et al. 2000: 9 ff.; Wolfersdorf 2011: 24).

Alles in allem kann man also kurz zusammenfassen, dass das Krankheitsbild der Depression im Wesentlichen von einem Gefühl der Gefühllosigkeit, von Angstgefühlen, Grübelzuständen und häufig von Suizidgedanken gekennzeichnet ist. Da der Begriff der Depression und das Krankheitsbild in diesem Kapitel nun näher beleuchtet wurden, sollen daran anknüpfend im nächsten Abschnitt einige konkrete Symptome einer depressiven Erkrankung aufgeführt werden.

2.3 Symptome einer depressiven Erkrankung

Im folgenden Abschnitt soll aufgezeigt werden, welche Symptome in der Regel bei einer Depression auftreten. Denn bei einer depressiven Erkrankung berichten Betroffene immer wieder von ähnlichen Beschwerden und Symptomen, welche sich insgesamt als Hauptsymptome zusammenfassen lassen. Diese Hauptsymptome einer depressiven Erkrankung werden dabei in verschiedene Kategorien unterteilt. So gibt es affektive und kognitive Symptome, Antriebs- und psychomotorische Störungen und vegetative Symptome (vgl. Stotz-Ingenlath 2005: 570; Wolfersdorf & Schüler 2005: 26; Wolfersdorf 2011: 17). Zu diesen einzelnen Kategorien werden nun jeweils einige Beispiele vorgestellt, die bei einer Depression in Erscheinung treten können.

Zu den sog. *affektiven und kognitiven Symptomen* gehören die zuvor bereits erläuterte depressive Herabgestimmtheit und Verstimmung, die Angstzustände, die Grübelzustände sowie das Gefühl der Gefühllosigkeit, bestehend aus einer Freudlosigkeit, einem Nicht-Weinen- Können, Weinkrämpfen, Verzweiflung und allgemeine Verstimmtheit. Zu den affektiven und kognitiven Symptomen gehören aber auch Selbstvorwürfe wegen Nicht-können (Insuffizienzgefühl), Versagen und Minderwertigkeit (Selbstwerstörung), Zurückbleiben gegenüber dem Ich-Ideal, Schuldgefühle (Selbstverurteilung, Selbstanklage) und Klagen über materielle Probleme, Verarmung oder körperliche Befindlichkeiten (Hypochondrie) (vgl. Wolfersdorf & Schüler 2005: 26; Wolfersdorf 2011: 17). Weitere Symptome dieser Kategorie sind Gefühle von Hilflosigkeit und Hoffnungslosigkeit, ein möglicher depressiver Wahn, der Verarmungs-, Schuld-, Versündigungs-, Untergangswahn-, und hypochondrische Ideen beinhaltet sowie Ruhe-/Weglaufwünsche und Suizidgedanken (vgl. Stotz-Ingenlath 2005: 570; Wolfersdorf & Schüler 2005: 26; Wolfersdorf 2011: 17). Bei älteren depressiv Erkrankten treten zudem häufig Klagen über subjektiv erlebte Konzentrations- und Merkstörungen auf (vgl. Kurz 1997: 34; Wolfersdorf 2011: 17). Unter die *Antriebs- und psychomotorischen Störungen* fallen unter anderem die Lust- und Antriebslosigkeit, sowie eine leere Hektik, welche einen Zustand der stetigen Unruhe umschreibt (vgl. Kastor 2003: 58; Wolfersdorf 2011: 17). Des Weiteren weisen Betroffene zum einen Getriebenheit und psychomotorische Agitiertheit, also eine gesteigerte, unproduktive motorische Aktivität, auf. Zum anderen können sie aber auch ein diesbezüglich konträres Verhalten aufzeigen, nämlich psychomotorische Hemmungen und einen Stupor, also dem Zustand des vollständigen

Aktivitätsverlustes bei ansonsten wachem Bewusstseinszustand (vgl. Wolfersdorf 2011: 17). Die *vegetativen Symptome* sind diejenigen, die besonders stark bei depressiven älteren Menschen in den Vordergrund treten (vgl. Kurz 1997: 33). Zu ihnen gehören beispielsweise der Vitalitätsverlust mit rascher Erschöpfbarkeit, Müdigkeit, Kraftlosigkeit und unzureichender Belastbarkeit, Leibgefühlsstörungen (Druck-, Spannungs-, Schweregefühl im Körper) sowie Appetitstörungen, Gewichtsabnahme oder Obstipation (vgl. Wolfersdorf & Schüler 2005: 26; Wolfersdorf 2011: 17). Ferner zählen aber auch Schlafstörungen, Tagesschwankungen (Morgentief, abendliche Aufhellung) und Libidostörungen zu dieser symptomalen Kategorie (vgl. Stotz-Ingenlath 2005: 570; Wolfersdorf 2011: 17).

Ein depressiv Erkrankter kann also eine Vielzahl an unterschiedlichen Symptomen aus verschiedenen Kategorien aufweisen, wobei diese bei Betroffenen nicht alle bzw. nicht in der gleichen Ausprägung auftreten müssen, sondern variabel in Erscheinung treten können. Wichtig ist aber, dass Angehörige, Betroffene und Hausärzte um diese Symptome wissen, damit die Erkrankung erkannt und letztlich auch behandelt werden kann. Denn nur selten gibt es Krankheitsfälle, bei denen eine Depression „über Nacht" entwickelt wird. Im Regelfall entwickelt sich eine Depression über Wochen und Monate hinweg und beginnt eher schleichend mit Veränderungen der Vitalität etc., also dem Auftreten zuvor genannter Symptome (vgl. Wolfersdorf 2011: 16). Aus diesem Grund ist die Kenntnis über Symptome depressiver Erkrankungen essentiell.

3 Klassifikation und Diagnostik

Nachdem ein Überblick über einige konkrete Symptome der Depression gegeben wurde, sollen in diesem Abschnitt die Klassifikation und Diagnostik einer depressiven Erkrankung näher beleuchtet werden. Depressive Erkrankungen können sich von leichten Verstimmungen bis hin zu schweren Depression erstrecken und weisen demnach unterschiedliche Formen bzw. Subformen auf. Zur Differenzierung dieser spezifischen Formen/Subformen bedarf es eines Klassifizierungssystems, welches die wichtigsten operationalen Kriterien für eine Diagnose definiert. Die ICD-10 (International Classification of Diseases) und das DSM-5 (Diagnostic and Statistical Manual of Mental Disorders) stellen dabei die zwei international anerkanntesten Klassifizierungssysteme für psychiatrische Diagnostik dar. Im Folgenden wird aber nur die ICD-10 als Grundlage zur Darstellung, wie Depressionen klassifiziert und diagnostiziert werden, dienen, da das neue DSM-5 von Forschern und Praktikern kritisch diskutiert wird. So ist ein Kritikpunkt, dass Konsensprozesse von Experten im Vordergrund standen, während die empirische Datenbasis und die Begleitforschung wenig fokussiert wurden (vgl. DGPPN et al. 2015: 35). Des Weiteren wird durch das DSM-5 eine künstliche Erhöhung der Prävalenz psychischer Störungen und eine steigende Verordnung unnötiger Psychopharmaka befürchtet, weil für einige Störungen die Schwellen für die Erfüllung der Diagnose herabgesetzt wurden – im Gegensatz zum DSM-IV (vgl. ebd.: 35). Bevor nachstehend die Klassifikation und Diagnose gemäß ICD-10 erfolgt, sei an dieser Stelle noch einmal kurz erwähnt, dass sich Depressionen im Alter nicht von depressiven Störungen im jüngeren sowie mittleren Alter unterscheiden und die nachfolgend aufgeführten Diagnosekriterien somit auch für depressive Erkrankungen im Alter gelten (vgl. Schneider et al. 2013: 65). Allerdings treten insbesondere bei der Diagnostik von Depressionen im Alter häufig Probleme auf, welche ebenfalls in diesem Kapitel aufgezeigt werden sollen.

3.1 Klassifikation und Diagnose gemäß ICD-

Im internationalen Klassifizierungssystem der ICD-10 sind die depressiven Störungen im Kapitel V („Psychische und Verhaltensstörungen, Affektive Störungen") innerhalb der Kategorien F30-F39 zu finden und werden, wie in Abbildung 2 ersichtlich, in sieben verschiedene Formen unterteilt, von denen jede Kategorie zudem Subformen besitzt. Sie werden dort als psychopathologische

Syndrome von bestimmter Dauer innerhalb der diagnostischen Kategorie der *affektiven Störungen* definiert (vgl. DGPPN et al. 2015, 28).

F30	Manische Depression
F31	Bipolare affektive Störung
F32	Depressive Episode
F33	Rezidivierende depressive Störungen
F34	Anhaltende affektive Störungen
F38	Sonstige affektive Störungen
F39	Nicht näher bezeichnete affektive Störungen

Tabelle 1: Hauptkategorien affektiver Störungen nach ICD-10
Quelle: eigene Darstellung, nach: DGPPN et al. 2015, S. 2

Die Hauptsymptome der Störungen aus dieser diagnostischen Kategorie beziehen sich demgemäß auf eine Veränderung der Stimmung (Affektivität) bzw. des allgemeinen Aktivitätsniveaus, wobei die schwere Depression und die Manie die beiden Gegenpole des Gesamtspektrums der depressiven Erkrankung darstellen (vgl. ebd.: 28). Das bedeutet also, dass sich das Spektrum einer affektiven Erkrankung von depressiver Niedergeschlagenheit, Interessenverlust und Freudlosigkeit bei der depressiven Episode (s. Kapitel 2.2.1) bis hin zur gehobenen, gereizten Stimmung mit erhöhter Aktivität bei der Manie erstreckt (vgl. DGPPN et al. 2015: 28). Damit aber eine exakte Klassifikation der Erkrankung möglich ist, erfolgt die klassifikatorische Einordnung unter drei Gesichtspunkten. So finden eine *syndromale Klassifikation*, eine *Klassifikation nach Schweregrad* sowie eine *Klassifikation nach Dauer und Verlauf* statt. Diese drei Klassifikationsgrößen werden nachstehend näher erläutert. Um dem Rahmen sowie dem Thema dieser Arbeit Rechnung zu tragen, wird dabei – und auch bei der im weiteren Verlauf stattfindenden Darstellung der Diagnostik bzw. Diagnosekriterien – nur auf die unipolare depressive Störung, das heißt auf die depressive Episode (F32) und die rezidivierende (wiederkehrende) depressive Störung (F33) eingegangen.

Um eine affektive Störung zu klassifizieren, erfolgt zunächst die syndromale Klassifikation, bei der die Symptome eines Betroffenen betrachtet werden, da sich diese je nach Erkrankungsform unterscheiden und so schon zu einer ersten Abgrenzung zwischen den einzelnen Störungen führen. So sind die unipolaren depressiven Störungen nach der Definition in der ICD-10 auf syndromaler Ebene von den bipolaren Störungen bzw. den manischen Episoden zu differenzieren. Denn charakteristisch für unipolare depressive Störungen sind, dass bei ihnen keine Phasen gehobener, euphorischer oder gereizter Stimmungslage vorkommen, wie sie für bipolare, das heißt unter anderem der Manie, typisch sind (vgl. DGPPN et al. 2015: 28). Unipolare oder auch monophasische Depressionen hingegen sind geprägt von einer depressiven, gedrückten Stimmung, Interessenverlust, Freudlosigkeit und Aktivitätseinschränkung (vgl. ebd. 28). Des Weiteren können depressive Episoden gemäß der ICD-10 danach klassifiziert werden, ob im Rahmen der Depression psychotische Symptome (nur bei schweren depressiven Episoden) oder auch somatische Symptome (bei leichten und mittelgradigen depressiven Episoden) vorliegen oder nicht (vgl. ebd.: 28). Schaut man sich also die Symptome eines Betroffenen an, so kann schon einmal festgelegt werden, ob es sich um eine unipolare depressive oder eine bipolare Störung handelt.

Konnte man herausstellen, dass es sich um eine unipolare depressive Störung handelt, setzt die Klassifikation nach dem Schweregrad ein. Die ICD-10 trifft eine Schweregradunterscheidung von *leichten* (F32.0), *mittelgradigen* (F32.1) und *schweren* (F32.2) *depressiven Episoden*, wobei sich dieser Schweregrad nach der Anzahl der erfüllten Haupt- und Zusatzsymptome richtet (vgl. ebd.: 28). Bei dieser Klassifizierung muss also untersucht werden, wie hoch die Anzahl der einzelnen Symptome ist, die ein Betroffener aufweist. Auf Basis dieser Zahl kann die depressive Episode einem der drei Schweregrade zugeordnet werden.

Weiterhin lassen sich depressive Störungen nach Verlauf und Dauer klassifizieren. Nach ICD-10 gilt bezüglich der Zeitdauer, dass (leichte, mittelgradige oder schwere) depressive Episoden mindestens 14 Tage angedauert haben müssen, um die entsprechende Diagnose bei Vorliegen der Kriterien stellen zu können (vgl. DGPPN et al. 2015: 29). Bei schweren depressiven Episoden kann die Diagnose aber auch nach weniger als zwei Wochen Dauer gerechtfertigt sein, wenn die Symptome besonders schwer sind und sehr rasch auftreten (vgl. ebd.: 29). Relevant für den Verlauf ist, inwieweit depressive Störungen voll oder nur teilweise remittieren – also vorübergehend nachlassen – oder chronisch verlaufen (vgl. ebd.: 29). Die Klassifikation richtet sich folglich auch danach, ob eine depressive Störung beim Patienten vorübergehend zurückgeht oder chronisch ist. Zuletzt kann man depressive Störungen gemäß der ICD-10-Kriterien anhand der Frequenz wiederkehrender Erkrankungsphasen klassifizieren. Diese sog. rezidivierenden depressiven Störungen sind solche, die durch wiederholte depressive (leicht, mittelgradige oder schwere) Episoden gekennzeichnet sind (vgl. DGPPN et al. 2015: 29). Zentrales Kriterium dabei ist allerdings, dass in der

Vorgeschichte zumindest eine depressive Episode bestand, bei gleichzeitigem Ausschluss von unabhängigen Episoden mit gehobener Stimmung und Überaktivität, die die Kriterien für eine Manie erfüllen könnten (vgl. ebd.: 29).

In der Regel ist die Besserung zwischen den Episoden vollständig, im höheren Lebensalter wird im Vergleich zum jüngeren und mittleren Alter häufiger eine anhaltende, nicht remittierende Depression entwickelt (vgl. ebd.: 29). Dies könnte zum einen möglicherweise daran liegen, dass die Depression älterer Menschen seltener behandelt wird, da die heutigen alten Menschen vielfach noch dahingehend erzogen worden sind, keine Schmerzen oder Gefühle offen zu zeigen. Zum anderen gehören diese auch einer Generation an, in der besonders psychische Erkrankungen gesellschaftlich tabuisiert waren und dieser Umstand könnte die Folge haben, dass ältere Menschen aus Schamgefühlen heraus keine professionelle Hilfe suchen.

Nach der Erläuterung der Klassifizierung von depressiven Störungen und wie eine solche Klassifikation abläuft, wird im Folgenden die Diagnosestellung von depressiven und rezidivierenden depressiven Episoden gemäß ICD-10 näher beleuchtet. Dies soll anhand einer Grafik veranschaulicht werden (s. Abbildung 3). Mithilfe dieser Abbildung wird nämlich evident, welche, wie viele und wie lange die Haupt- und Zusatzsymptome bei einem Betroffenen andauern müssen, damit überhaupt eine depressive Störung – in diesem Fall eine depressive Episode (F32) – diagnostiziert werden kann bzw. damit geklärt werden kann, ob es sich um eine leicht, mittelgradige oder schwere depressive Episode handelt.

Weist ein Betroffener, gemäß Abbildung 3, mindestens zwei der Hauptsymptome sowie zeitgleich mindestens zwei der Zusatzsymptome auf und halten diese für mindestens zwei Wochen an, erfüllt er die Kriterien nach ICD-10 und es kann eine leichte depressive Episode diagnostiziert werden. Wenn ein potentiell Depressiver mindestens zwei der Hauptsymptome und zusätzlich drei bis vier der dargestellten Zusatzsymptome aufzeigt, die auch zumindest zwei Wochen andauern, sind die Kriterien zur Diagnose einer mittelgradigen depressiven Episode erfüllt. Gemäß ICD-10 liegt eine schwere depressive Episode vor, wenn folgende Kriterien erfüllt sind: Bei dem Betroffenen treten mindestens drei der Hauptsymptome sowie gleichzeitig mindestens vier der Zusatzsymptome in Erscheinung und diese bleiben auch mindestens zwei Wochen lang bestehen.

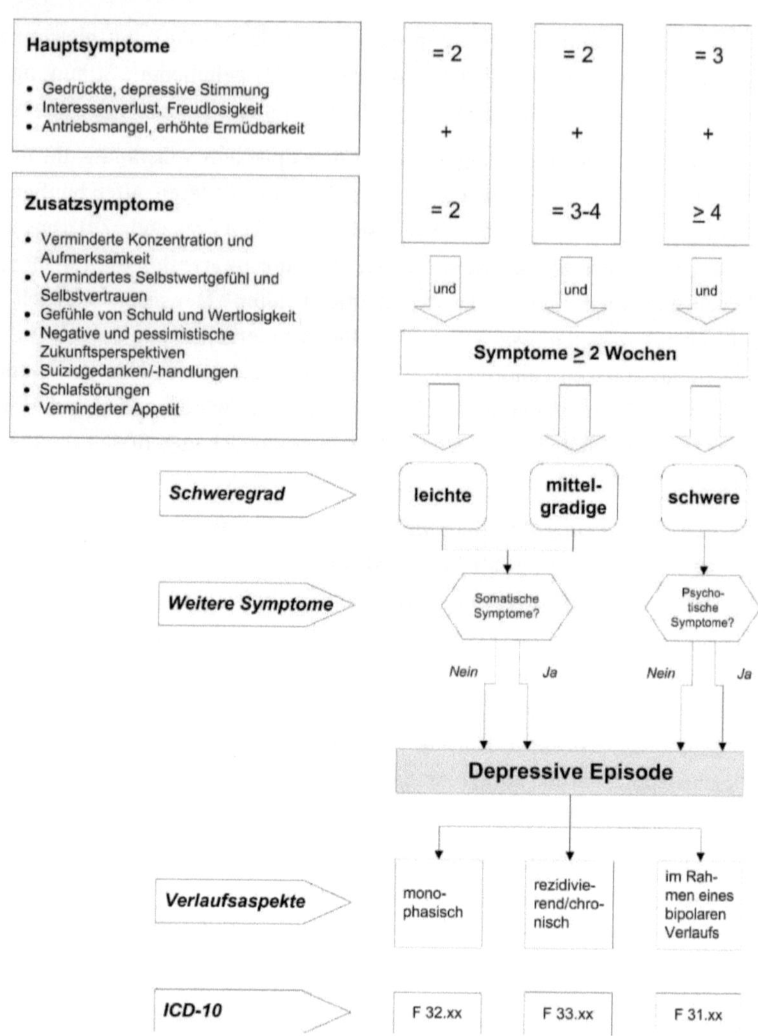

Abbildung 2: Diagnose depressiver Episoden und Schweregrad nach ICD-10-Kriterien
Quelle: DGPPN et al. 2015; S. 33

Bei der leichten (F32.01) und mittelgradigen (F 32.11) depressiven Episode kann zudem noch ein somatisches Syndrom klassifiziert werden, wenn wenigstens vier Merkmale eines somatischen Syndroms eindeutig feststellbar sind (z.B. der objektive Befund einer psychomotorischen Hemmung, deutlicher Appetitverlust, Gewichtsverlust, deutlicher Libidoverlust) (vgl. DGPPN et al. 2015: 31). Eine schwere depressive Episode kann zusätzlich mit psychotischen Symptomen

(F 32.3) klassifiziert werden, wenn Wahnideen (vor allem Ideen der Versündigung, der Verarmung oder einer bevorstehenden Katastrophe), Halluzinationen oder ein depressiver Stupor auftritt (vgl. ebd.: 33). Zuletzt kann einer diagnostizierten depressiven Episode eine von drei Verlaufsaspekten zugeordnet werden. Zum einen kann sie als monophasische also unipolare Episode (F 32.XX) unterschiedlichen Schweregrads auftreten, was der Fall ist, wenn der Betroffene weder vorher in seinem Leben schon einmal an einer depressiven Störung litt noch manische Episoden aufweist, die einer bipolaren Störung angehören (vgl. ebd.: 33). Zum anderen kann sie als rezidivierende/chronische depressive Episode (F 33-XX) klassifiziert werden, sofern es in der Vorgeschichte des Betroffenen zumindest eine weitere gegeben hat, oder es kann als dritte Form eine depressive Episode im Rahmen eines bipolaren Verlaufs (F 31.XX) diagnostiziert werden, wenn der Erkrankte an einer bipolaren Störung mit manisch-depressiven Symptomen leidet (vgl. ebd.: 33).

Abschließend kann man also sagen, dass die ICD-10-Kriterien zur Klassifikation und Diagnose von depressiven Störungen eine nützliche sowie praktikable Hilfestellung bei der Erkennung von Depressionen sind und somit auch einen großen Beitrag dazu leisten, dass Betroffenen geholfen werden kann. Denn erst durch das Erkennen und die Diagnose können dem Patienten richtige und zielführende Behandlungsmöglichkeiten angeboten werden. Dass aber auch diese Kriterien Schwächen besitzen und gerade bei älteren Betroffenen nicht immer eine eindeutige Diagnose ermöglichen, wird im nächsten Abschnitt deutlich.

3.2 Probleme bei der Diagnostik von Depressionen im Alter

Trotz relativ eindeutiger und in der Praxis bewährter Diagnosekriterien werden depressive Erkrankungen insbesondere bei älteren Menschen häufig nicht erkannt. So gehen Heuft et al. sogar davon aus, dass bis zu 40 % der depressiven Patienten im fortgeschrittenen Lebensabschnitt nicht korrekt diagnostiziert werden (Heuft et al. 2006: 116). Die Gründe dafür sind vielfältig. So werden Depressionen bei alten Menschen oft nicht in ihrer Schwere und dringenden Behandlungsbedürftigkeit erkannt, da bei Alternden häufig – im Gegensatz zu jüngeren Patienten – somatische Symptome im Vordergrund stehen, verbunden mit hypochondrisch anmutenden Befürchtungen, Ängsten, einem klagsamen Verhalten und kognitiven Störungen (vgl. Hegerl & Hoff 2003: 90; Heuft et al. 2006: 116 f.). Durch die höhere Wahrscheinlichkeit gleichzeitiger körperlicher Erkrankungen und der Möglichkeit des beginnenden Abbaus geistiger Kräfte werden depressive Symptome als „natürliche Folge des Alterungsprozesses" verkannt oder als nachvollziehbare Reaktion auf das Altern und die damit einhergehenden Verlusterlebnisse bzw. auf die körperlichen Begleiterkrankungen und Lebensumstände angesehen (Hautzinger 2000: 3; Hegerl & Hoff 2003: 90). Diese Reaktion ist jedoch eine häufige, unter Umständen folgenschwere Fehleinschätzung, denn derartige psychosoziale Faktoren – wie z.B. ein Verlusterlebnis – spielen oft die Rolle eines Auslösers (vgl. Hegerl & Hoff 2003: 90). So gehen Trauerzustände nach Verlusterlebnissen bei ca. 15% der Betroffenen in eigenständige depressive Erkrankungen über, die aber wie andere Depressionen auch einer adäquaten Behandlung bedürfen (vgl. Hegerl & Hoff 2003: 90). Ferner wird die Diagnose dadurch erschwert, dass die Ätiologie (=Ursache) und Symptomatologie der Depression älterer Menschen eine größere Heterogenität aufweisen als die jüngerer Patienten (vgl. Hegerl & Hoff 2003: 90). Bezüglich der Ätiologie ist aber auch vor allem zu berücksichtigen, dass nicht selten auch somatische Erkrankungen oder Medikamente depressive Störungen auslösen oder verstärken können, wobei zu den häufig eingesetzten Medikamenten, die eine Depression auslösen können, beispielsweise Antibiotika gehören (vgl. ebd.: 90).

Eine weitere Problematik der Diagnostik von Depressionen im Alter stellt die Abgrenzung zwischen einer depressiven und einer dementiellen Erkrankung dar. Die Symptome eines Betroffenen lassen sich nämlich nicht immer eindeutig einer Depression oder einer Demenz zuordnen, da sie sich häufig ähneln. So können beispielsweise Beschwerden über Merk- und Konzentrationsstörungen bei beiden Erkrankungen auftreten. Ferner wurde in epidemiologischen Studien herausgefunden, dass depressive Symptome bei bis zu 50 % der Patienten mit einer dementiellen Erkrankung zu erwarten sind (vgl. Heuft et al. 2006: 125). In der Symptomatik dieser Krankheiten besteht folglich häufig eine Überlagerung, was die Diagnostik erheblich erschwert. Da jedoch die sichere Diagnosestellung einer Demenz vom Alzheimer-Typ erst post mortem, also nach dem Tod, durch eine histologische Untersuchung des zentralen Nervensystems möglich ist und die bildgebende Diagnostik (z.B. CCT, PET) eine Abgrenzung meist nicht erlaubt, sind präzise differentialdiagnostische Maßnahmen erforderlich (vgl. ebd.: 125). Durch unterschiedliche Tests, wie zum Beispiel dem Mini Mental State-Test, ist es in der Regel möglich, die Symptome eines Patienten relativ genau einer Depression oder einer Demenz zuzuordnen.

Wenn es um die Diagnose von Depressionen bei älteren Menschen geht, ist es also essentiell, sich nicht nur auf die oben genannten Kriterien zu verlassen, sondern auch über diese hinaus zu denken. So sollte bestimmtes Verhalten, wie z.B. Aggressionen, bei Älteren stets hinterfragt und überprüft werden, ob dahinter nicht eine depressive Störung stecken könnte. Gerade wenn beispielsweise der Hausarzt um das Verlusterlebnis einer seiner älteren Patienten weiß, sollte er besonders auf mögliche Anzeichen einer sich entwickelnden Depression achten und diesbezüglich möglichst frühzeitig eingreifen. Außerdem sollten gewisse körperliche Befindlichkeiten Älterer nicht direkt als natürliche Folge des Altwerdens oder als Hypochondrie abgetan, sondern ernst genommen werden, da diese Symptome auch Hinweise auf eine depressive Erkrankung geben können. Ferner sind insbesondere bei der Diagnose von Depressionen und Demenzen differentialdiagnostische Maßnahmen zu berücksichtigen, damit die Erkrankung eines älteren Betroffenen auch richtig diagnostiziert wird und angemessen behandelt werden kann.

4 Folgen depressiver Erkrankungen im Alter

Depressive Erkrankungen im Alter sind folgenschwer, da sie unter anderem Funktionsbeeinträchtigungen, eine geringere Leistungsfähigkeit, eine reduzierte Lebensqualität, erhöhte Suizidraten sowie eine erhöhte nicht-suizidale Mortalität bei älteren Menschen bedingen (vgl. Beekman et al. 1997: 1397 ff.; Unützer et al. 2000: 17 ff.; Schulz et al. 2002: 210 ff.; Waern et al. 2002: 450 ff.; Riedel-Heller et al. 2012: 1373). Zudem sei in zahlreichen Befunden zu erkennen, dass komorbide depressive Störungen den Verlauf somatischer Erkrankungen, besonders kardiovaskulärer Erkrankungen, signifikant in negativer Weise beeinflussen (vgl. Blazer 2003: 255 ff.; Lehnert et al. 2011: 369 ff.; Riedel-Heller et al. 2012: 1373 f.). Des Weiteren ist zum einen die Wahrscheinlichkeit einer Wiedererkrankung nach einer depressiven Episode hoch, zum anderen halten depressionsbedingte Einschränkungen sowie Behinderungen wesentlich länger an als die eigentlichen Depressionssymptome und können so die Rolle eines Rückfallfaktors einnehmen (vgl. Wittchen et al. 2010: 24). Im Hinblick auf diese gesundheitlichen Konsequenzen werden im Folgenden die Auswirkungen auf die Mortalität und der Aspekt des Suizides näher untersucht.

4.1 Auswirkungen auf die Mortalität

Wie oben schon kurz erwähnt wurde, gehen depressive Erkrankungen mit einer erhöhten Mortalität einher. Einerseits ist dies durch eine höhere Suizidrate bei Depressive zu begründen, andererseits liegt dieser Tatsache ein vorzeitiges Versterben durch Unfälle, körperliche Ursachen oder einen depressionstypischen ungesunden Lebensstils – wie z.B. schlechte Ernährung oder Bewegungsmangel – zugrunde (vgl. Joukamaa et al. 2001: 498 ff.; Wittchen et al. 2010: 24). So besitzen beispielsweise Personen mit Herzinfarkt und einer depressiven Störung ein höheres Risiko zu versterben als Nicht-Depressive (vgl. Frasure-Smith & Lesperance 1993: 1819 ff.; Wittchen et al. 2010: 24). Aber auch bei älteren Schlaganfallpatienten hat sich herausgestellt, dass eine komorbide Depression, also das gleichzeitige Vorhandensein einer depressiven und somatischen Erkankung, das Sterberisiko potenziert (vgl. Morris et al 1993: 124 ff.; Frühwald et al. 1999: 155 ff.; Huff et al. 2001: 583 ff.). Welcher Mechanismus hinter dieser Korrelation steht, konnte bisher allerdings noch nicht eindeutig geklärt werden. Es wird aber vermutet, dass bestimmte Faktoren, wie körperliche Inaktivität, ungesunde Ernährung und andere gesundheitsrelevante Lebensweisen Einfluss auf das Mortalitätsrisiko nehmen (vgl. Wittchen et al. 2010: 25).

4.2 Suizidalität

Psychische Erkrankungen korrelieren mit Suizidalität und sind so mit der Umsetzung von suizidalen Ideen in selbstschädigenden Handlungen verbunden (vgl. Wittchen et al. 2010: 25). Dabei wird geschätzt, dass 65-90 % aller Suizide auf eine psychische Störung – am häufigsten Depressionen – zurückzuführen sind (vgl. Krug 2002: 192). Umgekehrt sterben etwa 3-4 % aller Depressiven durch einen Suizid (vgl. Wolfersdorf 2008: 443 ff.). Zwar sinkt die Mortalität durch Suizide im Allgemeinen seit den 1990er Jahren, aber dieser Rückgang ist in den Altersgruppen unterschiedlich stark ausgeprägt (vgl. Wittchen et al. 2010: 25). So ist das Suizidrisiko und die Suizidrate im Alter signifikant erhöht, wobei dies insbesondere für Männer gilt. Auch wenn statistisch gesehen die Anzahl der Suizidversuche im Alter sinken, ist im Gegenzug zu beobachten, dass die Zahl der vollzogenen Suizide im Alter steigt und in der Altersgruppe der über 75-Jährigen am höchsten ist (vgl. Stoppe 2006: 245 ff.; Wilk et al. 2007: 26 ff.; Wittchen et al. 2010: 25). Jedoch auch unabhängig von der Suizidalität kann bei älteren Menschen die Depression durch Rückzugsneigung ins Bett, durch Appetitstörungen oder durch zu geringe Flüssigkeitsaufnahme sehr rasch zu lebensbedrohlichen Zuständen führen (vgl. Wittchen et al. 2010: 25).

Alles in allem kann man also festhalten, dass depressive Erkrankungen insbesondere bei älteren Menschen zu einer deutlichen Steigerung der Mortalität und Suizidalität führen. Angesichts dieser Erkenntnis wird auch die Relevanz der in dieser Arbeit thematisierten Forschungsfrage deutlich, denn aufgrund dieser gravierenden gesundheitlichen Auswirkungen bedarf es Überlegungen und Maßnahmen, welche die Wahrscheinlichkeit einer Entwicklung von depressiven Störungen im Alter zu vermindern vermögen. Da weiterhin die Diagnose von Depressionen im Alter häufig problematisch ist (s. Kapitel 2.3.2) und es somit oft gar nicht zu einer Behandlung bzw. Therapie der Betroffenen kommt, sollten die Überlegungen schon früher einsetzen und Maßnahmen vor allem präventiven Charakter besitzen. Welche Präventionsperspektiven es bisher gibt, wird am Ende dieser Ausarbeitung näher betrachtet. Im nachstehenden Kapitel werden zunächst einmal epidemiologische und versorgungsrelevante Aspekte beleuchtet.

5 Epidemiologie der Depression im Alter in Deutschland

In diesem Kapitel wird die Epidemiologie der Depression im Alter in Deutschland dargelegt. Dabei soll also die Frage geklärt werden, wie viele ältere Menschen (ab 65 Jahren) überhaupt von der in den letzten Kapiteln vorgestellten psychischen Erkrankung betroffen sind und welche gesellschaftliche Relevanz sie somit aufweist.

Die Depressionen sind die häufigsten Nicht-Demenz-Erkrankungen im Alter (vgl. Maercker 2015: 23). Dies wurde unter anderem in der Berliner Altersstudie (BASE) deutlich, bei der 516 Menschen zwischen 70 und 105 Jahren untersucht worden sind. Von diesen 516 Menschen wiesen 17 % (ca. 88 Personen) eine dementielle Erkrankung und 9 % (ca. 47 Personen) eine depressive Störung auf (vgl. Helmchen et al. 2010: 211 ff.). Die Anzahl derer, die an einer dementiellen Störung erkrankt waren, ist also nicht einmal doppelt so hoch wie die Anzahl derer, die an einer Depression erkrankt waren. Somit ist die Wahrscheinlichkeit im Alter an einer depressiven Störung zu erkranken, durchaus als relativ hoch einzuschätzen. Um herauszufinden, wie hoch die Betroffenheit genau ist und wie viele Menschen im Alter (ab 65 Jahren) an einer Depression erkranken, werden nachfolgend zum einen die Prävalenzraten depressiver Erkrankungen im Alter dargelegt. Zum anderen aber auch versorgunsgrelevante Aspekte, da diese zeigen, inwieweit die Zahl der Betroffenen mit dem Versorgungsangebot übereinstimmen oder ob es eben eine mögliche Unterversorgung gibt. Auf die Inzidenz depressiver Erkrankungen im Alter wird in dieser Arbeit nicht eingegangen, da diese als unzureichend untersucht gilt und damit keine zuverlässigen Aussagen ermöglicht (vgl. Wittchen et al. 2010: 21).

5.1 Prävalenz

Bevor die konkreten Prävalenzraten aufgeführt werden, sei zuvor zu erwähnen, dass die Untersuchung der Prävalenz von Depressionen im Alter nicht unproblematisch ist. Denn, wie in Kapitel 2.3.2 erläutert, ist das Erscheinungsbild der Depression eines Älteren von einer eher somatischen und weniger einer emotionalen Symptomatik geprägt. Dadurch wird die Höhe der Prävalenz stark von den verwendeten Untersuchungsinstrumenten und Klassifikationssystemen beeinflusst (vgl. Weyerer 2017: 4). Werden demgemäß Depressionsskalen eingesetzt, die viele somatische Items enthalten, ist bei älteren Menschen folglich eine höhere Prävalenzrate zu erwarten, als wenn die emotionale Symptomatik im Vordergrund des Untersuchungsinstrumentes steht (vgl. ebd.: 4). Zudem weisen depressive Störungen ein breites Spektrum an Formen und Subformen auf und können sich von leichten Verstimmungen bis hin zu schweren Depressionen erstrecken. Dies erschwert zusätzlich die epidemiologie Untersuchung, da die Angaben zur Prävalenz sehr stark von den jeweils verwendeten Diagnosekriterien abhängen (vgl. ebd.: 4). Diese Problematiken sollte man bei der Arbeit mit Prävalenzraten von Depressionen im Alter stets beachten, so auch bei der folgenden Studie.

Die aktuellsten Daten zur Häufigkeit und Prävalenz von depressiven Erkrankungen in Deutschland wurden im Rahmen der – von 2008 bis 2011 durchgeführten – „Studie zur Gesundheit in Deutschland (DEGS)" erhoben, bei der die Bevölkerungsgruppe der 18-79-Jährigen untersucht worden ist (vgl. Busch et al. 2013: 733 ff.). Die aktuell bestehende Symptomatik der Teilnehmer wurde dabei mithilfe des Depressionsmoduls der deutschen Version des „Patient Health Questionnaire (PHQ)" erfasst (vgl. Weyerer 2017: 5). Bei diesem Fragebogen handelt es sich um ein Selbstbeurteilungsinstrument mit dem die Häufigkeit von neun depressiven Symptomen (nach ICD-10 und DSM-IV) innerhalb der letzten zwei Wochen erfragt wurde (vgl. ebd.: 5). Vollständige Daten konnten dabei für 7.524 Befragte (3.940 Frauen und 3.584 Männer) im Alter von 18-79 Jahren erhoben werden. Die Ergebnisse dieser Befragung werden in Abbildung 4 deutlich.

Alter	18-29	30-39	40-49	50-59	60-69	70-79	Gesamt
Frauen	11,8	10,5	9,9	10,4	9,8	7,7	10,2
Männer	8	5,3	7	6,1	4,5	4,2	6,1
Gesamt	9,9	7,9	8,4	8,2	7,2	6,1	8,1

Tabelle 2: Prävalenz (Angaben in %) von aktuell bestehender depressiver Symptomatik (gemäß PHQ)
Quelle: eigene Darstellung, nach: Busch et al. 2013: S. 733 ff.

Es wird evident, dass 8,1 % aller Erwachsenen eine depressive Störung aufweisen, wobei die Prävalenzrate der Frauen mit 10,2 % signifikant höher ist als die der Männer mit 6,1 %. Diese Tendenz lässt sich in jeder Altersgruppe feststellen. Ferner ist die Prävalenzrate der 18-29-Jährigen bei Männern und Frauen am höchsten und in der Altersgruppe 70-79 am niedrigsten. Eine höhere Betroffenheit seitens der älteren Menschen ab 65 Jahren kann zunächst also nicht bestätigt werden. Aber auch diese Zahlen müssen kritische betrachtet werden. So werden depressive Verstimmungen angesichts der im Alter zunehmenden klinisch untypischen Präsentationen (somatische Beschwerden im Vordergrund, Hauptsymptome einer Depression oft wenig ausgeprägt) oder aufgrund der mit dem Alter häufigeren Komorbidität mit einer Demenz oft nicht erkannt bzw. diagnostiziert (vgl. Weyerer 2017: 5). Weiterhin könnte auch eine „selektive Mortalität" eine Verminderung des Anteils Depressiver im höheren Alter verursachen, da – wie im vorherigen Kapitel erläutert – Depressionen im Alter häufiger mit schweren körperlichen Erkrankungen und einer erhöhten Suizidrate einhergehen (Weyerer 2017: 5). Es sei aber auch möglich, dass ältere Menschen in ihrem Leben bereits eine Vielzahl von negativen Erlebnissen erfahren haben und dadurch eine höhere Resilienz, also psychische Widerstandsfähigkeit, besitzen (vgl. Weyerer 2017: 5). In Zukunft empfiehlt es sich folglich, Studien zur Prävalenz älterer Depressiver durchzuführen, die zum einen ausschließlich ältere Menschen ab 65 Jahren zum Untersuchungsgegenstand machen und zum anderen auch Instrumente verwenden, welche besser mit dem Erscheinungsbild einer Depression im Alter kongruieren.

Neben der schriftlichen Befragung mithilfe des PHQ wurden in der DEGS von Ärzten zusätzlich persönliche Interviews mit den Teilnehmern durchgeführt, um mit folgender Frage eine jemals diagnostizierte Depression zu erfassen: Wurde bei Ihnen jemals von einem Arzt oder einem Psychotherapeuten eine Depression festgestellt? Bei Bejahung dieser Frage wurde zusätzlich zur Erfassung einer diagnostizierten Depression in den letzten 12 Monaten die Frage gestellt, ob die Depression auch in den letzten 12 Monaten aufgetreten ist (vgl. Weyerer 2017: 6). Die Ergebnisse dieser Interviews werden in den Abbildungen 5 und 6 deutlich.

Alter	18-29	30-39	40-49	50-59	60-69	70-79	Gesamt
Frauen	8,5	12,4	16	19,4	22,9	14	15,4
Männer	4,2	7,5	6,8	10,1	11,6	7,9	7,8
Gesamt	6,3	9,9	11,3	14,7	17,3	11,2	11,6

Tabelle 3: Lebenszeitprävalenz (in %) von diagnostizierter Depression
Quelle: eigene Darstellung, nach: Busch et al. 2013, S. 733 ff.

Alter	18-29	30-39	40-49	50-59	60-69	70-79	Gesamt
Frauen	5,1	7,3	8,5	10,9	10,7	5,9	8,1
Männer	2,1	3,4	3,6	6	5	2,7	3,8
Gesamt	3,5	5,3	6	8,4	7,9	4,5	6

Tabelle 4: 12-Monats-Prävalenz (in %) von diagnostizierter Depression
Quelle: eigene Darstellung, nach Busch et al. 2013: S. 733 ff.

Insgesamt gaben 11,6 % aller Befragten an, dass bei ihnen jemals im Leben eine Depression diagnostiziert worden ist, wobei es auch hier wieder geschlechtsspezifische Diskrepanzen gibt (Frauen 15,4 & und Männer 7,8 %, s. Abbildung 5). Die Lebenszeitprävalenz ist bei den jüngeren Altersgruppen geringer als bei den älteren, was auf eine kürzere bisherige Lebenszeit der Jüngeren zurückzuführen ist. Die höchste Lebenszeitprävalenz zeigt sich bei Frauen und Männern gleichermaßen in der Altersgruppe der 60-69-Jährigen. Sie liegt dort nämlich bei 22,9 % (Frauen) und bei 11,6 % (Männer; s. Abbildung 5).

In Abbildung 6 wird evident, dass die 12-Monats-Prävalenz einer diagnostizierten Depression insgesamt 6 % beträgt. Hier zeigen sich allerdings auch wieder geschlechtsspezifische Unterschiede; bei Frauen beträgt der Wert 8,1 % und bei Männern 3,8 %. In der Altersgruppe der 60-69-Jährigen zeigen sich überdurchschnittlich hohe Werte (Frauen: 10,7 % und Männer 5,0 %). Im Gegensatz zur Punktprävalenzrate (Abbildung 4), also der Häufigkeit der aktuell bestehenden depressiven Symptome, ist die 12-Monats-Prävalenz von Depressionen bei älteren Menschen – vor allem bei 60-69-Jährigen – deutlich höher. Dies kann ein Hinweis darauf sein, dass der PHQ kein geeignetes Instrument zur epidemiologischen Untersuchung von depressiven Erkrankungen im Alter ist. Denn Abbildung 6 zeigt, dass deutlich mehr ältere Menschen an einer Depression erkranken als Abbildung 4 vorzugeben scheint. Die neun Symptome des PHQ beziehen sich möglicherweise vorwiegend auf eine emotionale Symptomatik und wie bereits herausgestellt wurde, steht dies bei depressiven Störungen im Alter eher im Hintergrund. So spiegelt dieser Fragebogen womöglich nicht die Symptome älterer Teilnehmer wieder, sodass sie dort keine Angaben für eine depressive Erkrankung vornehmen können und somit auch nicht als depressiv erkannt werden. Der Fragebogen PHQ sollte folglich dahingehend überprüft werden.

Bei den 70-79-Jährigen wiederum ist ein Rückgang der 12-Monats-Prävalenz zu beobachten. Die Gründe dafür sind bisher weitestgehend unerforscht, da bislang auch nur wenige Informationen zum Auftreten von Depressionen bei

Hochbetagten in der Allgemeinbevölkerung vorliegen (vgl. Weyerer 2017: 6). Dies liegt teilweise daran, dass in den Feldstudien, die auf Zufallsstichproben basieren, diese Altersgruppe zahlenmäßig nur schwach vertreten ist und oft keine altersgeschichteten Stichproben gezogen werden (vgl. ebd.: 6). Eine Studie, die explizit die Prävalenz depressiver Erkrankungen Hochaltriger untersucht hat, ist die bundesweite Hausarztstudie. Dort wurde für über 3.000 Hausarztpatienten im Alter von 75 und älter in sechs Großstädten (Bonn, Düsseldorf, Hamburg, Leipzig, Mannheim und München) die Prävalenzrate depressiver Störungen ermittelt (vgl. Weyerer et al. 2008: 153 ff.). Dabei kam heraus, dass etwa jeder zehnte Patient an einer Depression leidet. Die Häufigkeit hochaltriger depressiver Menschen (ab 75 Jahren) kann demnach grundsätzlich auch als eher hoch eingestuft werden, benötigt allerdings noch mehr empirische Befunde. An dieser Stelle besteht also auch noch ausreichend Forschungsbedarf.

Hohe Prävalenzraten gibt es jedoch nicht nur bei älteren Menschen, die selbstständig und alleine zu Hause leben, sondern gerade auch bei Älteren in stationären Pflegeeinrichtungen. Zahlreiche Untersuchungen belegen nämlich ein höheres Depressionsrisiko bei Heimbewohnern, wobei eine Studie – bezogen auf ab 65-Jährige – aufzeigte, dass depressive Störungen bei Heimbewohnern (35 %) mehr als doppelt so häufig auftreten wie bei Personen, die in einem Privathaushalt (17 %) leben (vgl. Livingston et al. 1990: 138 ff.; Weyerer 2017: 7). Auch eine neuere Metaanalyse von 26 Heimstudien ergab, dass die Prävalenz in stationären Einrichtungen hoch ist und bei schweren Depression bei 10 % und bei depressiven Symptomen bei 29 % liegt (vgl. Seitz et al. 2010: 1027 ff.; Weyerer 2017: 8).

Insgesamt kann man also festhalten, dass Depressionen im Alter und insbesondere in stationären Pflegeeinrichtungen häufig vorkommen und es – ob der unzureichenden Untersuchungsinstrumente und Studienanzahl – wahrscheinlich eine noch höher einzuschätzende

Betroffenheit existiert. Selbiges gilt explizit für die Gruppe der Hochaltrigen. Depressionen im Alter sind somit eine Erkrankung mit hoher gesellschaftlicher Relevanz. Damit einhergehend besteht noch ein großer epidemiologischer Forschungsbedarf hinsichtlich Prävalenz und insbesondere auch Inzidenz von depressiven Erkrankungen im Alter. Bei zukünftigen diesbezüglichen Forschungsvorhaben ist verstärkt auf die genannten Besonderheiten der Depression im Alter zu achten, was vor allem eine geeignete Konzeption von Messinstrumenten (z.B. Fragebögen) beinhaltet. Nichtsdestotrotz sind auch die dargelegten Prävalenzraten älterer Depressiver doch als relativ hoch anzusehen und besitzen somit auch eine versorgungsbezogene Relevanz, welche im nächsten Abschnitt veranschaulicht werden soll.

5.2 Versorgungsrelevante Aspekte

Ältere Menschen, insbesondere auch diejenigen mit depressiver Erkrankung, gehen überdurchschnittlich häufig zu ihrem Hausarzt, weshalb diesem auch in der Versorgung dieser Patientengruppe auch eine Schlüsselrolle zukommt (vgl. Weyerer 2017: 8). Hausärzte erkennen depressive Störungen Älterer jedoch häufig nicht oder erst zu spät, sodass sie nur selten behandelt werden (vgl. ebd.: 8). Die Gründe dafür sind komplex, können aber in folgende drei Bereiche eingeteilt werden: Der erste Bereich ist der Umgang der Patienten mit der eigenen Erkrankung. Dies ist wichtig, da die heutigen Älteren noch einer Generation entstammen, in der psychische Krankheiten immer noch als Stigma gelten und deshalb die Bereitschaft, psychische Probleme zuzugeben, relativ gering ist (vgl. Weyerer 2017: 8). Als zweiter Bereich gilt die Kompetenz des behandelnden Hausarztes, da die Erkennens- und Behandlungsrate von seinem Wissen, seiner Einstellung zu Depressionen sowie seiner verfügbaren Zeit für Diagnostik und Therapie abhängt (vgl. ebd.: 8 f.). Viele Ärzte wissen nämlich nicht um die Besonderheiten einer Depression im Alter. Als dritter Bereich ist das Gesundheitssystem zu nennen, da Behandlungsraten von gesundheitspolitischen Rahmenbedingungen (z.B. Kassenregelung) sowie dem sozialen Umfeld des Patienten (z.B. Unterstützung des Partners) abhängen (vgl. ebd.: 9).

Der Umstand dass angesichts der hohen Prävalenz depressive Erkrankungen im Alter nur selten erkannt und somit therapiert werden, führt zu einer erheblichen Unterversorgung (vgl. ebd.: 9). Dies zeigte sich auch in der Berliner Altersstudie, wo lediglich 40 % der depressiv Erkrankten psychopharmakologisch behandelt wurden und Antidepressiva mit 6 % eine untergeordnete Rolle spielten (Weyerer 2017: 9). Die Vergabe von Antidepressiva ist seit den 1990er Jahren zwar um das Vierfache angestiegen, aber die Versorgung älterer Depressiver ist auch heute noch unzureichend, was vor allem immer noch auf das ungenügende Erkennen und Diagnostizieren einer Depression im Alter zurückzuführen ist.

Zusammenfassend kann man sagen, dass aufgrund des hohen Aufkommens von depressiven Störungen im Alter und der ungenügenden Behandlung (aus genannten Gründen) depressiver Älterer eine Unterversorgung besteht. Da sich diese nur langsam verbessert und auch die Diagnostik einer Depression im Alter weiterhin problematisch bleibt, ist es von Bedeutung, den Fokus auf präventive Maßnahmen zu setzen, sodass eine solche Unterversorgung gar nicht erst zustande kommen kann. Letztlich ist aber nicht nur aus versorgungsbezogener Sicht, sondern auch aus gesundheitsökonomischer Perspektive die Prävention in der Regel günstiger.

6 Einflussfaktoren auf die Entwicklung einer Depression im Alter

Neben der Begriffsbestimmung, der Diagnosekriterien, dem Verlauf, der Folgen und der Epidemiologie einer Depression im Alter ist es auch essentiell zu wissen, welche Faktoren die Entwicklung einer depressiven Erkrankung bei älteren Menschen begünstigen bzw. beeinflussen. In diesem Kapitel soll dementsprechend der erste Teil der eingangs vorgestellten Forschungsfrage („Welche Faktoren beeinflussen die Entwicklung einer Depression im Alter?") untersucht werden. Dazu ist zunächst einmal allgemein herauszustellen, dass in der heutigen Wissenschaft zur Ätiologie depressiver Störungen – also zur Krankheitsursache – das sog. *bio-psycho-soziale Modell* (s. Abbildung 7) angenommen wird (vgl. Heuft et al. 2006: 117). Gemäß dieses Modells wirken diverse genetische, biologische und psychosoziale Faktoren auf den Menschen ein. Je nach Persönlichkeit, Resilienz, und individuellen Ressourcen zur Bewältigung von Herausforderungen üben sie dabei einen stärkeren oder schwächeren Einfluss auf die Person aus.

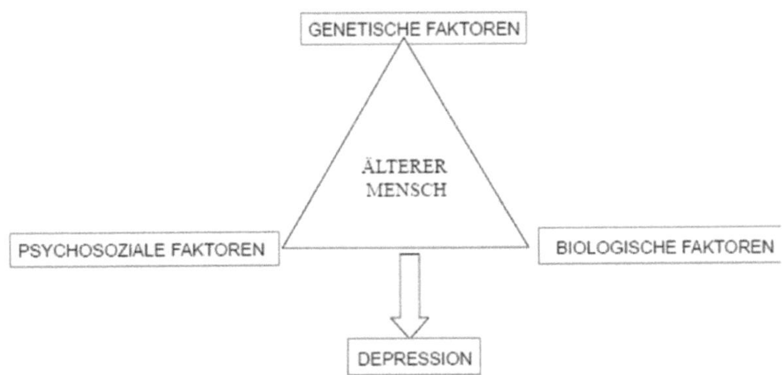

Abbildung 3: Bio-psycho-soziales Modell
Quelle: eigene Darstellung, angelehnt an: Heuft et al. 2006: S. 117

Um die Forschungsfrage nun zu beantworten, werden im Folgenden genetische, biologische und psychosoziale Einflussfaktoren erläutert, welche die Entwicklung einer Depression im Alter beeinflussen können.

6.1 Genetische Einflussfaktoren

In der Wissenschaft besteht ein weitestgehender Konsens darüber, dass die Veranlagung zur Depression partiell genetisch mitbedingt ist, wobei von mehreren beteiligten Genen auszugehen ist (vgl. Wittchen et al. 2010: 15). So weisen Nachkommen depressiver Patienten im Vergleich zur Normalbevölkerung ein erhöhtes Risiko auf, an einer affektiven Störung zu erkranken (vgl. Lieb et al. 2002: 367 ff.; Wittchen et al. 2010: 15). Weiterhin konnte in Zwillingsstudien belegt werden, dass die Konkordanzrate (= Übereinstimmung wesentlicher Merkmale bei Zwillingen) bei depressiven Störungen 44 % für eineiige Zwillinge und 20 % für zweieiige Zwillinge beträgt (vgl. Wittchen et al. 2010: 15). Genetiker haben daraus eine Erblichkeit berechnet, die zwischen 40-71 % liegen kann (vgl. ebd.: 15). Hinsichtlich der Übertragung innerhalb der Familie tauchen Besonderheiten auf. So gilt: Je früher die Ersterkrankung, desto stärker ist die familiär-genetische Belastung und es existieren keinerlei Geschlechtsunterschiede in der Stärke des genetischen Einflusses (vgl. ebd.: 15). Dies weist auf eine ätiologische Besonderheit depressiver Erkrankungen im Alter hin, da genetische Faktoren weniger häufig an der Entstehung einer Depression im Alter beteiligt sind als bei depressiven Störungen jüngerer Menschen (vgl. Radebold et al. 1997: 33). Dennoch ist die Einflussnahme genetischer Faktoren nicht zu vernachlässigen, da es Hinweise darauf gibt, dass das Risiko depressiver Erkrankungen zwar zum Teil vererbt wird, aber häufig erst in Kombination mit psychosozialen Faktoren (z.B. kritische Lebensereignisse) zu einem Auftreten der Depression führen kann (vgl. Brakemeier et al. 2008: 379 ff.; Wittchen et al. 2010: 15). So kann die depressive Erkrankung eines älteren Menschen dennoch auf die genetische Disposition zurückzuführen sein, weil der Ältere möglicherweise erst im Alter mit gravierenden psychosozialen Faktoren konfrontiert worden ist und somit auch erst später eine Depression entwickelt hat.

Es gibt eine Reihe von Genen, die mit der Entwicklung einer Depression (auch bei Älteren) in Verbindung gebracht werden. Um dem Umfang und Rahmen dieser Arbeit gerecht zu werden, wird im Folgenden ein Gen beispielhaft vorgestellt. Eines dieser Gene, welches mit dem Auftreten von Depression in jedem Alter in Verbindung gebracht wird, ist das Serotonin- Transportergen 5-HTTLPR (vgl. Wittchen et al. 2010: 15). Es kommt in der Bevölkerung in unterschiedlichen Formen vor, wobei Träger des kurzen Allels empfindsamer auf psychosoziale Stressbelastungen reagieren und somit ein bis zu doppelt so hohes Risiko aufweisen, an einer Depression zu erkranken (vgl. Wittchen et al. 2010: 15). Zudem soll dieses Gen die physiologische „Bremsfunktion" des Gyrus cinguli (Gürtelwindung im Gehirn) auf die stressbedingten negativen Angstgefühle in der Amygdala verhindern, wodurch die negativen Gefühle nicht ausreichend gedämpft werden können und es deshalb zu einer depressiven Stimmung bzw. einer depressiven Störung kommen kann (vgl. McGuffin et al. 2003: 497 ff.; Maier 2004: 487 ff.; Wittchen et al. 2010: 15).

6.2 Biologische Einflussfaktoren

Neben genetischen Faktoren begünstigen und beeinflussen auch biologische Komponenten die Entwicklung einer Depression im Alter. Zu diesen biologischen Einflussfaktoren gehören neurobiologische Merkmale einer Person, Veränderungen im Hormonsystem sowie körperliche Erkrankungen. Diese drei Einflussgrößen werden nachfolgend näher beleuchtet.

Es besteht eine Korrelation zwischen depressiven Störungen und neurobiologischen Faktoren, welche das Erkrankungsrisiko oder das Rückfallrisiko erhöhen (vgl. Eberhard-Metzger 2006: 30 f.). Als Ursache dafür gelten veränderte Funktionsabläufe im Gehirn eines älteren Menschen, die wiederum auf eine veränderte Funktion der Botenstoffe bzw. Neurotransmitter zwischen den Nervenzellen zurückzuführen ist (vgl. Wittchen et al. 2010: 16). Am besten erforscht ist dabei die Rolle der Botenstoffe Serotonin und Noradrenalin (vgl. Wolfersdorf 2011: 44). Wie alle anderen Neurotransmitter dienen auch diese beiden der Informationsübertragung innerhalb des Nervensystems; allerdings haben zahlreiche Untersuchungen die Vermutung bestätigt, dass sowohl bei jüngeren als auch bei älteren Depressiven ein Serotonin- und Noradrenalinmangel besteht, weshalb eine medikamentöse Depressionsbehandlung (z.B. mit Antidepressiva) darauf abzielt, diesen Mangel zu beheben (vgl. Wolfersdorf 2011: 44). Aber auch nach einer erfolgreichen Psychotherapie kann man einen ausgeglichenen Hirnstoffwechsel feststellen, was die Schwierigkeit unterstreicht, Ursache und Wirkung zum Beispiel einer Serotonin-Unterversorgung im Gehirn und depressivem Verhalten präzise zu unterscheiden (vgl. Wittchen et al. 2010: 16). Bislag ist es noch nicht gelungen, eine exakt definierte Funktionsstörung im Gehirn von älteren Betroffenen zu lokalisieren, die immediat dem Auftreten einer depressiven Symptomatik zugrunde gelegt werden kann.

Ein weiterer Faktor, der die Entwicklung einer Depression im Alter begünstigen kann, sind hormonelle Veränderungen. Denn Menschen sind insbesondere in Zeiten großer Hormonschwankungen für depressive Störungen anfällig (vgl. Wittchen et al. 2010: 16). Da es im Zuge des Alterungsprozesses bei der Mehrheit der Hormonen zu einer Abnahme der Menge im Körper kommt, wiegt diese Einflussgröße besonders schwer, wenn es um die Entwicklung einer depressiven Erkrankung bei älteren Personen ab 65 Jahren geht (vgl. Wolfersdorf 2011: 46). Ein Beispiel dafür ist das Absinken der Werte für Melatonin, welches unter anderem der Steuerung des Schlaf-Wach-Rhythmus dient und ein Mangel dieses Hormons somit zu Schlafstörungen führen kann. Ergibt sich durch diese Schlafstörungen nun ein Schlafmangel, so verursacht dies wiederum eine vermehrte Ausschüttung von Stresshormonen (z.B. Cortisol) bei der älteren Person (vgl. Wittchen et al. 2010: 16). Diese vermehrte Hormonausschüttung hat dann nicht nur seelische und körperliche Auswirkungen, sondern kann sich letztlich auch in der Entwicklung einer Depression äußern (vgl. ebd.: 16).

Ein dritter wesentlicher Einflussfaktor, der das Auftreten einer Depression im Alter bedingen kann, stellen die körperlichen Erkrankungen dar, von denen ältere Personen erwartungsgemäß häufiger betroffen sind als jüngere. Dieser biologische Auslöser ist allerdings in der Regel mit einer psychischen Bewertung verbunden (vgl. Wolfersdorf 2011: 46). So ist beispielsweise die sog. „Post-Stroke-Depression" nach einem Schlaganfall eine biologisch ausgelöste und psychologisch (bezüglich Krankheitsverarbeitung) bedingte psychische Erkrankung (vgl. ebd.: 46 f.). Aber auch kardiovaskuläre oder chronische rheumatische Erkrankungen, die im Alter sehr häufig in Erscheinung treten, führen nicht selten zu Depressionen im Rahmen der Auseinandersetzung (Akzeptanz, Veränderung des Lebensstils) mit der Krankheit (vgl. ebd.: 47). Ferner tragen aber auch körperliche Faktoren zur Entwicklung einer depressiven Störung im Alter bei, die zu erheblichen Beeinträchtigungen der Beweglichkeit führen, wie zum Beispiel Knochenbrüche als Folge von Stürzen (vgl. Wolfersdorf 2005: 87). Einschränkungen der Beweglichkeit können zu einer Behinderung derjenigen Aktivitäten führen, die dem alten Menschen die Möglichkeit zur aktiven Lebensgestaltung und somit zu Erfolgserlebnissen, zu sozialen Kontakten und Lebensqualität geben (vgl. ebd.: 87). Ist diese Möglichkeit aufgrund einer körperlichen Erkrankung nicht mehr gegeben, kann dies bei Älteren eine depressive Verstimmung und letztlich auch eine depressive Erkrankung verursachen. Man kann also festhalten, dass biologische Faktoren, egal ob neurobiologischer, hormoneller oder körperlich-somatischer Natur, einen immensen Einfluss auf die psychische Gesundheit älterer Menschen besitzen und häufig die Ursache für die Entwicklung einer Depression im Alter sind.

6.3 Psychosoziale Einflussfaktoren

In der Psychologie wird die Entstehung von Depressionen durch verschiedene theoretische Modelle erklärt. Untersucht man die Entwicklung depressiver Störungen im Alter, so bedient man sich insbesondere der Verstärker-Verlust-Theorie, und der Hoffnungslosigkeitstheorie. *Die Verstärker-Verlust-Theorie* beschreibt dabei einen Mangel an positiver Verstärkung (Belohnung) als essentiell für die Entstehung einer depressiven Erkrankung (vgl. Wittchen et al. 2010: 16). Dies ist dem Umstand geschuldet, dass eine fehlende positive Verstärkung das Wohlbefinden verringert und mit negativen Affekten (z.B. Niedergeschlagenheit) einhergeht, sodass eine abwärtsgerichtete Depressionsspirale als Folge dessen vermutet wird (vgl. Wittchen et al. 2010: 16). Im Alter zeichnet sich dieses theoretische Modell beispielsweise beim Verlust des Ehepartners ab, da dieser Verlust einen negativen Verstärker darstellt und zu sozialem Rückzug sowie negativen Gefühlen führen kann. Ist die ältere Person nicht in der Lage sich aus dieser Abwärtsspirale zu befreien, so ist die Entwicklung einer depressiven Störung wahrscheinlich. *Die Hoffnungslosigkeitstheorie* sieht die besagte Hoffnungslosigkeit als einen weiteren Auslöser für die Entstehung einer Depression im Alter und ist dadurch gekennzeichnet, dass erstrebenswerte Ereignisse nicht bzw. unerwünschte Ereignisse eintreten, zudem auch scheinbar keine Möglichkeiten existieren, die diesen Zustand ändern könnten (vgl. Abramson et al. 1989: 359 f.; Wittchen et al. 2010: 17). Daraus kann sich dann das sog. Hilflosigkeitssymptom entwickeln, welches insbesondere durch ein „Sich-ausgeliefert- fühlen und man könne tun, was man wolle, es verändert sich sowieso nichts" (Wolfersdorf & Schüler 2005: 87) charakterisiert ist und der depressiven Symptomatik ähnelt (vgl. Wittchen et al. 2010: 17). Ein Beispiel für diese Theorie sei eine diagnostizierte körperliche Erkrankung (z.B. Schlaganfall) bei einem älteren Menschen, welche diesen in seiner Beweglichkeit und seiner Selbstständigkeit stark beeinträchtigt. War dieser Mensch vor der Erkrankung beispielsweise sehr aktiv und selbstständig, ist nun aber auf Unterstützung oder Pflege angewiesen, so kann sich bei ihm ein solches Hilflosigkeitssymptom und letztlich auch eine depressive Störung entwickeln, da er in seiner aktuellen Situation keinen Ausweg bzw. keine Verbesserung sieht.

Aus beiden zuvor genannten Beispielen für die theoretischen Modelle wird evident, dass psychosoziale Einflussfaktoren und die daraus entstehenden psychosozialen Belastungen Auslöser für die Entwicklung von Depressionen im Alter darstellen können. Anders formuliert sind die in den Theorien beschriebenen Depressionsauslöser der negativen Verstärker sowie der Hoffnungslosigkeit auf psychosoziale (Belastungs-)Faktoren zurückzuführen. Wie anhand der aufgeführten Beispiele deutlich wurde, handelt es sich bei psychosozialen Einflussfaktoren besonders um kritische Lebensereignisse, welche die körperliche Gesundheit, die kognitive Leistungsfähigkeit, die soziale Einbindung und die Lebenskonzeption (vgl. Wolfersdorf 2005: 87) beeinflussen. Da in dieser Arbeit bereits herausgestellt wurde, dass derlei kritische Lebensereignisse im Alter häufiger auftreten, beispielsweise in Form von Verlusten Angehöriger oder sozialer Isolation bedingt durch Immobilität, wiegen auch diese Einflussfaktoren in besonderem Ausmaß auf die Entwicklung einer Depression im Alter. Können ältere Menschen aktuelle psychosoziale Belastungen nicht oder nicht ausreichend bewältigen, kann dies in der Entwicklung einer depressiven Erkrankung, gemäß den spezifischen theoretischen Modellen, enden. Psychosoziale Einflussfaktoren, die im Alter häufig die Rolle des „Depressions-Auslösers" übernehmen, sind zum Beispiel: Verlust oder Verlassenwerden von wichtigen Personen (z.B. Gefahr ungenügender Trauerarbeit), Verlust von Bekannten- und Freundeskreis (z.B. durch Weg-Sterben, durch Umzug in Heim, Angst vor sozialer Isolation), Verlust von Gewohntem in Haushalt, Wohnen, Arbeit, Freizeit, Umfeld (z.B. bei Umzug in Heim, insbesondere wenn unfreiwillig; Renteneintritt), Abschiednehmen-Müssen von Lebenskonzepten und -fantasien (z.B. aufgrund körperlicher Erkrankungen), Nachlassen oder Verlust körperlicher Funktiontüchtigkeit (z.B. Angst vor Verlust der Selbstständigkeit, Angst vor Immobilität), Angst vor letztem Lebensabschnitt (z.B. Angst vor Krankheiten oder vor dem Tod), Beziehungsprobleme mit pflegebedürftigem Partner aufgrund des Rollenwechsels oder etwaiger Überforderung (vgl. Wolfersdorf 2005: 89).

Es existieren also besonders bei älteren Menschen viele Einflussfaktoren, welche eigenständig, häufig jedoch auch gleichzeitig auftreten oder sich gegenseitig bedingen können, wie zum Beispiel körperliche Erkrankungen als biologische und die daraus resultierende Angst vor Verlust der Selbstständigkeit als psychosoziale Einflussgrößen. Bei der Entwicklung einer Depression im Alter wirken demnach viele unterschiedliche Faktoren zusammen. Ob ihrer altersbedingten höheren somatischen Anfälligkeit und Wahrscheinlichkeit für kritische Lebensereignisse, stellen dabei v.a. biologische und psychosoziale Faktoren Auslöser für die Entstehung einer depressiven Erkrankung dar. Das Wissen um diese Einflussfaktoren ist in jedem Fall von hoher Bedeutung, wenn es um die Konzeption adäquater Präventionsmaßnahmen geht, denn für die Wirksamkeit der Maßnahmen ist es entscheidend, welchen Einflussfaktoren sie entgegenwirken muss. Wie solche Präventionsmaßnahmen dann schließlich aussehen können und was konkret bei der Prävention von Depressionen im Alter berücksichtigt werden muss, wird im nachfolgenden Kapitel untersucht und aufgezeigt.

7 Maßnahmen zur Prävention einer Depression im Alter

Dieses Kapitel wird sich mit der zweiten Forschungsfrage beschäftigen, nämlich wie der Entwicklung einer Depression im Alter entgegengewirkt werden kann. So ist in den vorangegangenen Abschnitten herausgearbeitet worden, dass die Depression eine der häufigsten psychischen Erkrankungen im Alter ist, dementsprechend eine hohe Prävalenz aufweist und zugleich eine derjenigen Krankheiten ist, die einen besonders großen Einfluss auf die Mortalität, das Suizidrisiko sowie die Lebensqualität älterer Menschen besitzt. Somit stellen Depressionen im Alter eine Thematik von hoher gesellschaftlicher Relevanz dar, denn gemäß epidemiologischen Untersuchungen sind viele ältere Menschen bereits an dieser psychischen Störung erkrankt oder besitzen ein erhöhtes Erkrankungsrisiko, beispielsweise aufgrund mehrerer zusammenwirkender Einflussfaktoren. Auch unter dem Aspekt des demografischen Wandels und der damit verbundenen Tatsache, dass es stetig mehr ältere Menschen in Deutschland geben wird, ist die Vermutung berechtigt, dass nicht nur die Prävalenz depressiver Erkrankungen im Alter steigen wird, sondern auch das dargelegte Versorgungsdefizit. Aus diesen Gründen ist es von hoher Bedeutung Maßnahmen zu implementieren und anzubieten, die der Entwicklung von Depressionen im Alter entgegenzuwirken vermögen. Diese Aufgabe kann zum Beispiel mithilfe von präventiven Maßnahmen bewältigt werden. Derlei Präventionsmaßnahmen lassen sich dabei grundsätzlich in drei Arten der Prävention unterteilen: In die Primärprävention, die Sekundärprävention und die Tertiärprävention (vgl. Kirch et al. 2010: 180). Um dem Rahmen dieser Arbeit gerecht zu werden, aber auch weil in dieser Ausarbeitung Maßnahmen vorgestellt werden, die noch vor der Entstehung einer Depression greifen bzw. überhaupt eine solche Entstehung verhindern sollen, wird lediglich die Primärprävention anhand ausgewählter Beispiele dargelegt.

Unter Primärprävention versteht man allgemein die Verhinderung der Entstehungs- und Entwicklungsbedingungen einer Erkrankung (vgl. Zimmerman et al. 1998: 186). Bezieht man dies auf die Depression im Alter, so meint man damit die Verhinderung der Entstehung von biologischen, psychologischen und sozialen Rahmenbedingungen (also der zuvor aufgezeigten Einflussfaktoren), welche die Entwicklung einer depressiven Störung fördern können (vgl. ebd.: 185). Weiterhin beinhaltet die Primärprävention die Verhütung von Ersterkrankungen, was darauf hinweist, dass diese Maßnahmen insbesondere jene ältere Menschen präventiv behandeln möchte, die zur Risikogruppe gehören, zum Beispiel weil sie kritische Lebensereignisse erfahren haben oder aufgrund genetischer Dispositionen vorbelastet sind (vgl. ebd.: 185 f.). Da die Primärprävention also die Einflussnahme der genannten Faktoren verringern bzw. eliminieren möchte, müssen die primärpräventiven Maßnahmen so gestaltet sein, dass psychologische, soziale und körperliche Einflussgrößen berücksichtigt werden, um eben genau jenen auch entgegenwirken zu können (vgl. Pantel 2010: 549). Im Folgenden werden dazu drei ausgewählte primärpräventive Maßnahmen vorgestellt, die die genannten Aufgaben und Ansprüche der Primärprävention zum großen Teil erfüllen. Dabei handelt es sich um die *kognitive Verhaltenstherapie*, das *E-Mental-Health-Programm „Depression, Suizidalität"* und die *Bewegungstherapie*.

7.1 Kognitive Verhaltenstherapie

Bei der sog. kognitiven Verhaltenstherapie handelt es sich um eine aktive, direkte, temporäre und strukturierte Methode, die zur Behandlung oder Primärprävention vieler psychischer Erkrankungen (u.a. Depressionen, Angst und Phobien) angewandt wird (vgl. Beck et al. 2010: 33). Dabei basiert diese Therapieform auf der grundlegenden Überlegung, dass Affekt sowie Verhalten eines Menschen insbesondere von der Art und Weise bestimmt wird, wie er die eigene Welt strukturiert (vgl. ebd.: 33). Seine Kognitionen, also seine Einstellungen, Annahmen und Haltungen, lassen sich auf Einstellungen oder Annahmen (sog. Schemata) zurückführen, die aus vergangenen Erfahrungen entstanden sind (vgl. ebd.: 33). Dies kann an folgendem Beispiel illustriert werden: Wenn ein älterer Mensch alle seine Erfahrungen unter dem Aspekt interpretiert, ob er fleißig und allen Herausforderungen gewachsen ist, so ist sein Denken und Erleben von dem Schema beherrscht, er sei ein Versager, wenn er nicht alles perfekt mache. Daraus ableitend fragt er sich, ob er spezifischen Situationen gewachsen sei, auch dann, wenn solche Situationen in keinem Zusammenhang mit seinen persönlichen Bemühungen stehen, also beispielsweise bei kritischen Lebensereignissen, wie dem Tod des Ehepartners oder anderen Einflussfaktoren (vgl. ebd.: 34). Solche Grübeleien können in depressive Abwärtsspiralen und letztlich in der Manifestation einer depressiven Erkrankung münden. Die kognitive Verhaltenstherapie möchte diesem entgegenwirken, indem sie verhaltensbezogene Techniken zur Verhaltensänderung und Freilegung von Kognitionen – die mit bestimmten Verhaltensweisen assoziiert sind – einsetzt (vgl. ebd.: 35). Diese Verhaltensänderung soll durch den Einsatz unterschiedlicher therapeutischer Methoden erreicht werden, die alle darauf abzielen, an den jeweils individuell einwirkenden depressogenen Rahmenbedingungen bzw. Einflussfaktoren (s. Kapitel 5) mit einer präzise formulierten Zielsetzung verändernd zu wirken (vgl. Hautzinger 2015: 129). Des Weiteren sollen durch diese Methoden der Handlungsspielraum der Betroffenen erweitert werden (vgl. ebd.: 129). Die wesentliche Methode der kognitiv-verhaltenstherapeutischen Intervention besteht aus den nachfolgend erläuterten Prozessen der *Selektion, Optimierung* und *Kompensation,* welche zum Therapieziel beitragen sollen, nämlich die depressogenen Einflüsse abzuschwächen und das Verhalten des Älteren dahingehend zu verändern, dass das Risiko einer Entwicklung depressiver Störungen deutlich reduziert wird (vgl. ebd.: 129).

Unter dem Begriff Selektion versteht man das Anpassen und die realistische Gestaltung der vorhin erwähnten konkreten Ziele, aber auch der Ansprüche und Wünsche der älteren Person (vgl. ebd.: 129). Maßstab für die Gestaltung stellen die aktuellen Lebensbedingungen des Älteren dar, wie zum Beispiel die körperliche Verfassung oder etwaige Behinderungen (vgl. ebd.: 129). Dazu gehört weiterhin die Bearbeitung alter Enttäuschungen, Hoffnungen, Verletzungen, das Aufgeben von unerfüllbaren Ansprüchen und Erwartungen sowie die Akzeptanz der Situation (vgl. ebd.: 129). Folglich sollen ältere Menschen mithilfe dieser Maßnahme lernen, keinen Ansprüchen, Zielen oder Wünschen „hinterher zu rennen", die aufgrund ihrer Lebenssituation – wie beispielsweise einer Erkrankung, die die Mobilität einschränkt – unerreichbar sind. Vielmehr sollen sie sich auf Ziele etc. fokussieren, welche sie mit ihren vorhandenen Ressourcen und Kompetenzen erreichen können. Dadurch lernen sie, sich entsprechend ihrer derzeitigen Lebenssituation zu verhalten, sodass der Einfluss depressogener Faktoren, wie zum Beispiel biologischer Faktoren in Form einer körperlichen Erkrankung, gesenkt werden kann und somit auch das Risiko der Entwicklung einer Depression.

Der Prozess bzw. die Methode der Optimierung hat zum Ziel konkrete depressionsfördernde Bedingungen in der Lebens- und Alltagswelt der älteren Person (z.B. soziale Isolation, ungünstige Wohnbedingungen) zu eliminieren (vgl. Hautzinger 2015: 129). Ferner sollen enge Sozialpartner, beispielsweise der Ehepartner, sowie die Familie mit in die Therapie einbezogen werden und zusätzlich sollen die restlichen Handlungsmittel und verbliebenen Kräfte der älteren Menschen nochmals – entsprechend den individuellen Bedürfnissen – genutzt werden (vgl. ebd.: 129). Auch mit dieser Maßnahme sollen also die depressogenen Einflussfaktoren beseitigt bzw. so verändert werden, dass die Wahrscheinlichkeit eine Depression zu entwickeln, möglichst klein gehalten wird.

Der dritte Prozess der Kompensation ist noch einmal konkret auf die Verhaltensänderung des älteren Behandelten gerichtet. So sollen depressionsgefährdete ältere Menschen mithilfe dieser Maßnahme in ihrem aktiven, nicht-depressiven Verhalten bestärkt werden, um Verhaltensweisen, die im Sinne von Verhaltens- und Ressourcendefiziten depressionsfördernd sind, zu korrigieren und durch situationsangemesseneres Verhalten zu ersetzen (vgl. Hautzinger 2015: 129). Dazu werden Verhaltensübungen und Realitätstests durchgeführt, welche zum einen aktives, die Umwelt kontrollierendes Verhalten aufbauen soll und zum anderen dysfunktionale, wenig hilfreiche, resignative Kognitionen abbauen sowie durch konstruktivere, selbstwertdienlichere ersetzen soll (vgl. ebd.: 129). Zudem versucht diese Maßnahme passives, vermeidendes und depressives Verhalten zu reduzieren (vgl. ebd.: 129). Beispiele für konkrete Vorgehensweisen zur Vermeidung von depressogenem Verhalten sind: Die Passivität sowie Inaktivität durch Aktivierung, Reduktion aversiver Alltagserfahrungen und Strukturierung des Tages überwinden, reale Schwierigkeiten durch Dienste der Gemeinde bewältigen (fördert simultan auch den Aufbau sozialer Kontakte), ein Versorgungs- und Unterstützungssystem aufbauen (z.B. Einbeziehung der Familie), Nutzung von Angeboten bzw. Hilfen und die Vermeidung von pessimistischem Denken durch Herausarbeitung der automatischen Gedanken und dem Ersetzen dieser unberechtigten Gedanken durch hilfreichere, positivere Kognitionen – also durch Erkennen und Korrigieren von Überzeugungen und Einstellungen (vgl. Hautzinger 2015: 129).

Man kann also festhalten, dass die kognitive Verhaltenstherapie die Verhaltensänderung älterer Patienten zum Ziel hat, um primärpräventiv einer Depression im Alter entgegenzuwirken. Diese Verhaltensänderung möchte sie durch die Prozesse der Selektion, Optimierung und Kompensation erreichen, wodurch depressogene Einflussfaktoren bzw. Bedingungen beseitigt werden und die Kognitionen des älteren Menschen verändert werden sollen. Eine solche Verhaltensänderung führt schließlich dazu, dass sich ältere Personen im Alltag oder in schwierigen Lebenssituationen anders als bisher verhalten, nämlich so, dass sie sich selbst helfen können und depressionsförderndes Verhalten vermeiden. So kann ein Älterer beispielsweise die psychosozialen Einflussgröße der sozialen Isolation vermeiden, indem er sich in einem Verein anmeldet und dort neue soziale Kontakte knüpft, anstatt wie zuvor passiv zu sein und zu Hause zu bleiben. In einer solchen Situation hätte er also sein depressogenes Verhalten hinsichtlich eines depressionsvermeidendes Verhalten geändert.

Die Wirksamkeit dieser Primärpräventionsmaßnahme konnte dabei auch schon in einer Studie bestätigt werden. In dieser Studie von Buntrock et al. ging es um die Untersuchung, ob die kognitive Verhaltenstherapie (hier in Form eines Online-Programmes) zur Prävention von Depressionen bei Jugendlichen und (älteren) Erwachsenen beitragen kann. Dazu wurden 406 Personen mit einem erhöhten Depressionsrisiko, zum Beispiel aufgrund genetischer Dispositionen, zufällig einer Interventions- und Kontrollgruppe zugeordnet (vgl. Buntrock et al. 2016: 1855). Die Teilnehmenden der Kontrollgruppe erhielten dabei lediglich Informationen zur Vorbeugung von Depressionen, während die Probanden der Interventionsgruppe ein sechswöchiges Online-Trainingsprogramm absolvierten, welches auf kognitiv-verhaltens- therapeutischen Methoden basierte und auch innerhalb der Studienlaufzeit im Alltag angewendet werden sollten (vgl. ebd.: 1856). Nach Beendigung dieser Studie konnten die Wissenschaftler herausfinden, dass im Verlauf eines Jahres nach der Intervention 41 % der Probanden aus der Kontrollgruppe und 27 % der Probanden aus der Interventionsgruppe eine Depression entwickelt haben, wonach bei einer von sechs Personen, die an dem Präventionsprogramm teilgenommen haben, die Erkrankung einer depressiven Störung vermieden werden könne (vgl. ebd.: 1857 f.). Dieses Ergebnis lässt also die Schlussfolgerung zu, dass die kognitive Verhaltenstherapie eine wirksame und probate Maßnahme zur Primärprävention von Depressionen im Alter darstellt. Empfehlenswert sei an dieser Stelle aber eventuell die Durchführung einer solchen Studie mit ausschließlich älteren Menschen (ab 65 Jahren), um die Wirksamkeit dieser Maßnahme konkret hinsichtlich der Prävention von Depressionen im Alter untersuchen zu können.

7.2 Das Kompetenznetz „Depression, Suizidalität"

Eine weitere Maßnahme zur Primärprävention von Depressionen im Alter stellt das Kompetenznetz „Depression, Suizidalität" dar. In diesem Onlineangebot kooperieren Ärzte, Therapeuten, Wissenschaftler und Institutionen des Gesundheitswesens mit dem Ziel, die Versorgung depressiv gefährdeter und erkrankter Menschen in Deutschland zu verbessern (vgl. Bauer & Kordy 2008: 64). Dieses bundesweite Angebot besteht seit 1999 und wendet sich an Betroffene und deren Angehörige, an Ärzte und Therapeuten, Wissenschaftler, Journalisten und die breite Öffentlichkeit, wobei im Folgenden lediglich auf die

Angebote für Betroffene eingegangen wird (vgl. ebd.: 64). Ferner wird dieses Netzwerk von der Zentrale, die in der Klinik und Poliklinik für Psychiatrie der Universität Leipzig ansässig ist, koordiniert (vgl. ebd.: 64). Dieses Onlineangebot enthält mehrere Module für die Benutzer dieses Netzwerkes. Für Betroffene, wozu auch ältere Menschen ab 65 Jahren zählen, sind zwei Onlinemodule zur primärpräventiven Versorgung eingerichtet worden – das Informations- sowie Selbsttestportal und das Diskussionsforum. Beide werden nachstehend näher erläutert.

Im *Informations- und Selbsttestportal* werden präzise, zielgruppenspezifische Informationen zu Prävention, Diagnose, Charakter, Verlauf und auch Therapie depressiver Störungen bereitgestellt (vgl. Bauer & Kordy 2008 64). Somit können sich ältere Menschen konkret über die Entstehung, erste Anzeichen sowie Einflussfaktoren einer Depression im Alter informieren, wodurch sie lernen, wie sie einer depressiven Erkrankung entgegenwirken können, indem sie beispielsweise durch das Verändern ihrer derzeitigen Lebenssituation den Einfluss verschiedener Faktoren (z.B. Anmeldung in einem Verein gegen soziale Isolation) minimieren oder sogar eliminieren können. Damit könnte dieses Informationsportal depressionshemmende Wirkungen auf ältere Verwender des Netzwerkes ausüben und so der Primärprävention von Depressionen im Alter dienlich sein. Des Weiteren enthält dieses Onlinemodul aber auch einen Selbsttest, der den ICD-10-Kriterien entspricht und mit dem bestimmt werden kann, wie hoch die individuelle Wahrscheinlichkeit der teilnehmenden älteren Person ist, an einer Depression zu erkranken (vgl. ebd.: 64). Erfährt der Testdurchführende dadurch, dass er zur Risikogruppe gehört, so werden ihm durch das Netzwerk Kontakmöglichkeiten zu Selbsthilfegruppen übermittelt, die es ihm ermöglichen, sich mit anderen Menschen auszutauschen, die sich in einer ähnlichen Lebenslage befinden bzw. befunden haben (vgl. ebd.: 64). So kann er sich darüber informieren, wie er das Risiko einer Entwicklung depressiver Störungen im Alter senken kann, aber auch wie er sich verhalten sollte, wenn er erste Anzeichen einer Depression an ihm selbst feststellt. Der Selbsttest kann also dazu führen, dass ältere Menschen sich bereits vor einer Erkrankung mit der Krankheit Depression auseinandersetzen und da sie durch den Test wissen, ob sie zur Risikogruppe gehören oder nicht, verändern sie ihr Leben möglicherweise so, dass der Einfluss depressogener Faktoren nicht mehr so groß ist.

Bei dem zweiten Onlinemodul handelt es sich um das sog. *Diskussionsforum*, in dem man sich informieren sowie Kontakte knüpfen kann, welches von professionell ausgebildeten psychiatrischen Fachkräften (Psychologen, Psychiater etc) moderiert wird und als Plattform für den Austausch zwischen Betroffenen dient (vgl. Bauer & Kordy 2008: 64). Die Gestaltung der Benutzeroberfläche ist dabei absichtlich einfach gehalten, um auch Menschen mit geringer Interneterfahrung (z.B. ältere Personen) die Nutzung dieses Forums zu ermöglichen (vgl. ebd.: 64). Die Beiträge dieses Forums erstrecken sich dabei von Anfragen zu Präventionsmöglichkeiten depressiver Erkrankungen bei erhöhtem Erkrankungsrisiko, über Themen aus dem zwischenmenschlichen Bereich – beispielsweise dem Umgang mit dem Verlust des Ehepartners – bishin zur Vermittlung von emotionalem Beistand und Tipps im Umgang mit Krankenkassen sowie Rententrägern durch die Leser (vgl. ebd.: 65). Das Diskussionsforum umfasst dabei momentan ca. 100.000 Einträge und weist über 6.000 registrierte Nutzer auf, sodass dieses Angebot also durchaus häufig genutzt wird (vgl. Bauer & Kordy 2008: 65). Das Diskussionsforum dient aber nicht nur als Plattform zum Austausch von Informationen und Erfahrungen, sondern auch als Organisationsmöglichkeit von Treffen zwischen den Nutzern des Netzwerks. So finden in regelmäßigen Abständen in unterschiedlichen deutschen Städten von den registrierten Forumsteilnehmern selbst organisierte Treffen statt und einmal jährlich wird sogar ein offizielles Treffen zwischen Teilnehmern und Netzwerk-Organisatoren angeboten (vgl. ebd.: 67). Diese Veranstaltungen bieten Gelegenheit zum Austausch zwischen Nutzern und Betreibern, ohne dass die Kommunikation von klassischen Arzt-Patienten-Rollen bestimmt wird (vgl. ebd.: 67). Durch diese unverbindlichen Treffen und Beratungen mögen auch ältere Personen, die Depressionen häufig noch als gesellschaftliches Stigma verstehen, sich mit dieser Erkrankung auseinandersetzen, wodurch primärpräventive Wirkungen erzielt werden können. Weiterhin können durch das Forum oder die Treffen auch Gruppen mit fester Struktur entstehen, die sich zu einer unterstützenden Gemeinschaft entwickeln kann und häufig zu regelmäßigen persönlichen Kontakten und Treffen unabhängig des Netzwerkes führen (vgl. ebd.: 67). So können sich beispielsweise mehrere ältere Personen, die alle ein erhöhtes Erkrankungsrisiko und zum Beispiel aufgrund ihres Alters ähnliche alltägliche Herausforderungen aufweisen, zu einer Gruppe zusammenschließen, sich regelmäßig treffen und sich bei der Bewältigung von alterstypischen Herausforderungen sowie der Primärprävention von Depressionen gegenseitig unterstützen. Mit solchen Treffen könnte zugleich schon der Einfluss eines psychosozialen Faktors, nämlich der sozialen Isolation, verringert werden und somit ein Beitrag zur Prävention depressiver Störungen geleistet werden.

Das Kompetenznetz „Depression, Suizidalität" gehört mittlerweile zum wichtigsten Onlineportal zum Thema Depression im deutschsprachigen Raum, wobei etwa 11.000 Besucher dieses Angebot monatlich nutzen (vgl. Bauer & Kordy 2008: 69). Weiterhin konnte die Wirksamkeit dieser Primärpräventionsmaßnahme durch eine innerhalb der Evaluation durchgeführten Studie tendenziell bestätigt werden. So gaben 73 % der befragten Nutzer an, schon einmal konkrete Ratschläge im Umgang mit der Erkrankung oder einem erhöhten Erkrankungsrisiko aus dem Forum erhalten zu haben, welche sie dann ganz oder partiell ausgeführten (vgl. ebd.: 69). Für 63 % der Nutzer hat sich der Umgang und die Einstellung gegenüber depressiven Erkrankungen geändert, was in einer vermehrten Auseinandersetzung mit dieser Krankheit mündete (vgl. ebd.: 69). Des Weiteren fühlten sich 47 % weniger einsam (vgl. ebd.: 69). So kann man herausstellen, dass diese primärpräventive Maßnahme das Ziel erfüllt, den Einfluss depressogener Faktoren zu vermindern, in diesem Fall den psychosozialen Aspekt der Einsamkeit bzw. sozialen Isolation. Zudem wurden 34 % der befragten Nutzer ermutigt, ärztliche Hilfe und Beratung anzunehmen, zum Beispiel bezüglich möglicher präventiver Vorkehrungen bei erhöhtem Erkrankungsrisiko (vgl. Bauer & Kordy 2008: 69). Zu beachten ist auch die in der Studie evident gewordene Tendenz zur Präfarenz von Onlineangeboten. So nehmen fast 50 % der Nutzer an weiteren Onlineforen teil und lediglich 20 % an konventionellen Selbsthilfegruppen (vgl. ebd.: 70). Daraus kann man ableiten, dass beispielsweise ältere Personen die Anonymität in diesem Forum schätzen und sich auch nur auf diesem Wege „trauen" sich jemandem über diese Erkrankung zu öffnen.

Insgesamt kann man also sagen, dass das Kompetenznetz „Depressionen, Suizidalität" eine wirksame Maßnahme zur Primärprävention von Depressionen im Alter darstellt. Denn dieses Angebot fördert die Auseinandersetzung mit dieser psychischen Erkrankung und ermöglicht sogar einen Selbsttest zur Beurteilung, ob man zur Risikogruppe gehört. Wenn man um ein etwaiges höheres Erkrankungsrisiko weiß, kann eine ältere Person durch ihr Verhalten sowie die Lebensgestaltung depressogene Einflussfaktoren zumindest teilweise kontrollieren und hat somit die Möglichkeit der Entwicklung einer depressiven Störung vorzubeugen. Simultan kann dieses Onlineangebot durch Treffen und Gruppenbildung auch das soziale Netzwerk einer älteren Person erweitern oder stabilisieren, was den psychosozialen Faktor der sozialen Isolation größtenteils eliminiert. Nicht zuletzt stellt diese Maßnahme wegen ihrer Anonymität eine große Chance für ältere Menschen dar, die eine Stigmatisierung aufgrund einer depressiven Erkrankung fürchten. Bei all diesen Vorteilen muss natürlich auch die Tatsache berücksichtigt werden, dass nicht alle heutigen Älteren schon einen Zugang zum Internet besitzen und dieses Angebot möglicherweise gar nicht nutzen können. Da die zukünftigen Alten diese Problematik aber wahrscheinlich nicht mehr aufweisen werden, ist diese Primärpräventionsmaßnahme dennoch als wirksam und vor allem zukunftsweisend einzuschätzen.

7.3 Bewegungstherapie

Eine letzte primärpräventive Maßnahme, die in dieser Arbeit vorgestellt werden soll, ist die Bewegungstherapie. Darunter versteht man eine von einem Therapeuten geplante und dosierte Bewegungseinheit mit verhaltensorientierten Komponenten, die mit dem Patienten alleine oder in einer Gruppe durchgeführt wird (vgl. Falkai 2012: 132). Bezogen auf die Prävention von Depressionen im Alter bedeutet dies also, dass Therapeuten mit älteren Menschen alleine oder in der Gruppe körperliche Aktivitäten ausführen, die einer Senkung des Erkrankungsrisikos Rechnung tragen sollen. Dazu werden im Folgenden konkrete Übungen aus der Bewegungstherapie aufgezeigt und erläutert, welche Wirkmechanismen sie auf körperlicher, sozialer und psychologischer Ebene auslösen können.

Die Bewegungstherapie als Primärpräventionsmaßnahme der Depression im Alter beinhaltet häufig folgende körperliche Übungen: mobilisierende Atemübungen, Ausdauerübungen (z.B. langsames Jogging oder Gehen), Entspannungs- und Körperwahrnehmungsübungen, Dehn- und Kräftigungsübungen, Naturerleben, Gymnastik, Sportspiele, tanzen, aber auch reflektierende Gespräche alleine oder in der Gruppe (vgl. Custal 2014: 49). Diese Übungen zielen folglich sowohl auf die Förderung als auch auf den Erhalt der vorhandenen körperlichen Ressourcen älterer Personen ab. Welche positiven Wirkungen diese haben und inwieweit sie der Primärprävention von Depressionen im Alter dienen, wird nachfolgend veranschaulicht.

Viele empirische Untersuchungen haben aufgezeigt, dass körperliche Aktivität positive Auswirkungen auf ältere und unter Umständen depressiv gefährdete Menschen besitzt, und zwar auf körperlicher, sozialer und psychologischer Ebene (vgl. Custal 2014: 54). So führt die Bewegungstherapie (z.B. durch das Tanzen) auf *körperlicher Ebene* zu einer Verbesserung der motorischen und koordinativen Fähigkeiten. Dies ist insbesondere für Ältere wichtig, da die Verbesserung dieser Fähigkeiten eine sturzprophylaktische Funktion erfüllen können (vgl. ebd.: 57). Sind ältere Menschen dadurch weniger sturzanfällig, sinkt auch die Gefahr der Immobilität aufgrund eines schweren Sturzes, sodass der Einfluss dieses biologischen bzw. psychosozialen Faktors und somit auch das Risiko der Entwicklung einer Depression selbst verhindert werden kann. Grundsätzlich steigert körperliche Aktivität – insbesondere Ausdauerübungen – die körperliche Leistungsfähigkeit und stärkt das Immunsystem älterer Menschen, wodurch viele körperliche Erkrankungen (z.b. kardio-vaskuläre Krankheiten) und eine daraus resultierende Entwicklung depressiver Symptome (z.B. durch Probleme bei Verarbeitung der Diagnose) vermieden werden kann. Aber auch auf *sozialer Ebene* wirkt die Bewegungstherapie positiv und kann der Primärprävention von Depressionen im Alter zuträglich sein. Denn ältere Menschen erleben häufiger kritische Lebensereignisse, wie zum Beispiel den Tod eines Angehörigen oder körperliche Erkrankungen, welche nicht selten dazu führen, dass ihr soziales Netzwerk und ihre soziale Kontakte schrumpfen. Dies lässt sich zum einen auf eine mangelnde Verarbeitung dieses Ereignisses zurückführen, was letztlich in einer fortschreitenden Isolation und in Rückzugsverhalten des Älteren münden kann (vgl. ebd.: 62). Zum anderen kann dies auch die Folge einer aus der körperlichen Erkrankung heraus entwickelten Immobilität sein, welche es schwierig macht, sich beispielsweise mit anderen außerhalb des eigenen Wohnraums zu treffen. An dieser Stelle kann die Bewegungstherapie einsetzen, da durch die regelmäßige Teilnahme an Sport- und Bewegungsangeboten der Netzwerksektor geöffnet wird, sowie neue soziale Kontakte geknüpft, gepflegt und stabilisiert werden können (vgl. ebd.: 62). Im Zuge dessen können zusätzlich Fähigkeiten der sozialen Kompetenz wiederaufgebaut und trainiert werden, die dann wiederum auch außerhalb dieses therapeutischen Settings zur Erweiterung und Stabilisierung des sozialen Netzwerks älterer Menschen genutzt werden können (vgl. Custal 2014: 62). So kann folglich der Einfluss psychosozialer Faktoren gemindert werden, wodurch simultan das depressive Erkrankungsrisiko einer älteren Person gesenkt wird.

Anknüpfend daran kann die primärpräventive Maßnahme der Bewegungstherapie auch positive Effekte auf *psychologischer Ebene* erzielen, beispielsweise eine Verbesserung der Körperwahrnehmung, welche dazu führt, dass ältere Menschen ein größeres Bewusstsein für ihre physischen Grenzen entwickeln und auf diese Weise lernen, auch in Alltagssituationen, die Signale des Körpers deutlicher wahrzunehmen und darauf zu reagieren (vgl. ebd.: 60). Ferner kann die Teilnahme an bewegungstherapeutischen Maßnahmen innere Spannungszustände reduzieren, die zum Beispiel aufgrund psychosozialer Stressfaktoren bestehen. Dazu werden vor allem Entspannungsübungen durchgeführt, bei denen die älteren Teilnehmer nacheinander verschiedene Muskelgruppen bewusst an- und wieder entspannen (vgl. ebd.: 61). Die Teilnehmer sollen durch dieses Entspannungsverfahren lernen, auch in belastenden Alltagssituationen oder bei kritischen Lebensereignissen Ruhe zu bewahren und Kontrolle über seine Körperreaktionen zu erlangen (vgl. Custal 2014: 61). Folglich bezieht sich die Bewegungstherapie in psychologischer Hinsicht auch auf eine verhaltenstherapeutische Ebene (s. Kapitel 7.1), da ältere Menschen mithilfe körperlicher Aktivitäten erlernen sollen, angemessen und besser auf bestimmte Situationen zu reagieren und depressogenes Verhalten (z.B. Rückzugstendenzen) somit vermeiden.

Insgesamt kann man also festhalten, dass die Bewegungstherapie eine primärpräventive Maßnahme darstellt, die in besonderem Maße alle drei Dimensionen (psychologisch, sozial und körperlich) berücksichtigt und somit hervorragend für die Primärprävention von Depressionen im Alter eingesetzt werden kann. Zudem wurde auch die Wirksamkeit dieser Maßnahme bereits empirisch untersucht und bestätigt.

8 Fazit

Im Verlauf dieser Ausarbeitung wurde herausgestellt, dass es sich bei der Depression um eine affektive Störung handelt, die das gesamte Ich eines Menschen betrifft und schwerwiegende gesundheitliche Konsequenzen vor allem für ältere Menschen nach sich ziehen kann. So besteht unter anderem eine höhere Mortalität und Suizidgefährdung bei älteren depressiven Personen. Ferner bestehen bei der Klassifikation und Diagnostik von Depressionen im Alter einige Problematiken, insbesondere deshalb, weil bei älteren Menschen altersbedingt somatische Symptome vordergründig sind, welche häufig nicht als eine depressive Symptomatik erkannt werden. Aus diesem Grund müssen auch derlei Symptome stets hinterfragt und hinsichtlich einer depressiven Erkrankung untersucht werden. Weiterhin konnte aber bei der Betrachtung der epidemiologischen Verhältnisse in Deutschland herausgearbeitet werden, dass die Prävalenz depressiver Störungen im Alter zwar hoch ist, sie aber nicht proportional mit dem Alter steigt. Daraus ergibt sich, dass die Entwicklung einer Depression nicht automatisch eine Folge des Alterungsprozesses ist, sondern vielmehr von unterschiedlichen Einflussfaktoren abhängt. Bei diesen Faktoren handelt es sich um genetische, biologische und psychosoziale Einflussgrößen, wobei die beiden letzten am stärksten auf die Entwicklung einer Depression bei älteren Menschen einwirken. Bei einigen dieser Faktoren kann der Einfluss dabei wirksam verringert werden (biologische, psychosoziale Faktoren), bei anderen hingegen kaum (genetische Faktoren). Die Verminderung bzw. Verhinderung des Einflusses dieser Faktoren ist in jedem Fall das Ziel sämtlicher Präventivmaßnahmen und wird dadurch erreicht, dass diese Maßnahmen psychologische, soziale und körperliche Aspekte berücksichtigen. Alle drei primärpräventiven Maßnahmen, die vorgestellt wurden (kognitive Verhaltenstherapie, Kompetenznetz „Depressione, Suizidalität" und Bewegungstherapie) erfüllen diese Bedingung, tragen zur Einflussminderung der depressogenen Faktoren bei und können so die Wahrscheinlichkeit der Entwicklung einer Depression im Alter senken. Diese These konnte auch bereits durch empirische Untersuchungen bestätigt werden.

Einige Aspekte zum Thema Präventionsmaßnahmen, insbesondere zur Wirksamkeit, erachte ich jedoch als kritisch. So stellen auch die vorgestellten primärpräventiven Maßnahmen kein „Allheilmittel" für die Vermeidung von Depressionen im Alter dar. Denn zum einen sind sie in großem Maße auch von der Mitarbeit des älteren Betroffenen selbst abhängig und wenn dieser die Maßnahmen nur geringfügig in sein Alltagsleben integriert und umsetzt, ist die Wirkung der Präventionsmaßnahme eher begrenzt. Zum anderen hängt der Präventionserfolg aber auch von den Kompetenzen des Behandelnden ab, da bei der Depression im Alter einige Besonderheiten vorliegen, um die der Therapeut nicht zwingend weiß.

Grundsätzlich müsse aber auch noch mehr zur Erkennung von depressionsgefährdeten älteren Menschen beigetragen werden, damit eine primärpräventive Intervention rechtzeitig vor Ausbruch der Krankheit eingesetzt werden kann. Da spielen sicherlich Hausärzte eine große Rolle, die ihre älteren Patienten häufig ganz gut kennen und so auch ihre derzeitige Lebenssituation. Ereignet sich bei ihnen zum Beispiel eine kritisches Lebensereignis, so könnte der Hausarzt den älteren Patienten über präventive Maßnahmen informieren und beispielsweise die Bewegungstherapie empfehlen. Im Zuge dessen würden primärpräventive Maßnahmen häufiger in Anspruch genommen werden, sodass die Anzahl der Entwicklungen von Depressionen im Alter theoretisch in stärkerem Maße gesenkt werden könne. Diese Bemühungen gewinnen angesichts der gesellschaftlichen Relevanz solcher Präventionsprogramme, welche sich unter anderem in dem dargestellten Versorgungsdefizit und dem möglichen demografisch bedingten weiteren Anstieg der älteren Betroffenen zeigt, zusätzlich an Bedeutung.

Abschließend gilt für die Zukunft, dass die Erkennung und der damit verbundene Zugang zu primärpräventiven Maßnahmen gefördert und älteren Menschen erleichtert werden sollte und dass diese Maßnahmen, ob ihrer hohen Bedeutung für Betroffene und Gesellschaft und trotz Kritikpunkte, durchgeführt werden sollten, um der Entwicklung einer Depression im Alter entgegenzuwirken.

Literaturverzeichnis

Abramson, L.; Metalsky, G.; Alloy, L. (1989): Hopelessness depression: A theory-based subtype of depression. In: Psychological Review, Heft 96/1989, S. 358-372.

Backes, G.; Clemens, W. (2013): Lebensphase Alter. Eine Einführung in die sozialwissenschaftliche Alternsforschung. Weinheim, Basel: Beltz Juventa.

Beck, A. et al. (2010): Kognitive Therapie der Depression. Weinheim, Basel: Beltz Verlag.

Beekman A.T.F. et al. (1997): Consequences of major and minor depression in later life: a study of disability, well-being and service utilization. In: Psychological Medicine Journal, Heft 27/1997: S. 1397-1409.

Blazer, D.G. (2003): Depression in late life: review and commentary. In: The Journals of Gerontology. Series A, Biological Sciences and Medical Sciences, Heft 58/2003, S. 249- 265.

Blume, A.; Hegerl, U. (2008): Internetbasierte Kommunikation im Kompetenznetz „Depression, Suizidalität": Erfahrungen und Chancen. In: Bauer, S.; Kordy, H. (Hrsg.). E- Mental-Health. Neue Medien in der psychosozialen Versorgung (S. 61-72). Heidelberg: Springer-Verlag.

Brakemeier, E.L.; Normann, C.; Berger, M. (2008): Ätiopathogenese der unipolaren Depression: Neurobiologische und psychosoziale Faktoren. Bundesgesundheitsblatt – Gesundheitsforschung – Gesundheitsschutz, 51, S. 379-391.

Buntrock, C.; Ebert, D.D.; Lehr, D. et al. (2016): Effect of a Web-Based Guided Self-help Intervention for Prevention of Major Depression in Adults With Subthreshold Depression. A Randomized Clinical Trial. In: JAMA, 05/2016, Volume 315, Nr. 17, S. 1854- 1863.

Busch, M.A.; Maske, U.E. et al. (2013): Prävalenz von depressiver Symptomatik und diagnostizierter Depression bei Erwachsenen in Deutschland. Ergebnisse der Studie zur Gesundheit Erwachsener in Deutschland (DEGS1). Bundesgesundheitsblatt 56: 733-739.

Custal, C. (2014): Die Wirksamkeit von körperlicher Aktivität bei depressiven Störungen und der Vorschlag eines Konzeptentwurfs für die Praxis. Hamburg: Diplomica Verlag.

DGPPN et al. (2015): S3-Leitlinie/Nationale Versorgungsleitlinie. Unipolare Depression. Langfassung. 2. Auflage, Version 5, AWMF-Register-Nr.: nvl-005.

Eberhard-Metzger, C. (2006): Es ist, als ob die Seele unwohl wäre... Depression – Wege aus der Schwermut. Forscher bringen Licht in die Lebensfinsternis. Bundesministerium für Bildung und Forschung (Hrsg.). Berlin.

Falkai, P; DGPPN (Hrsg.) (2012): S3-Leitlinie Psychosoziale Therapien bei schweren psychischen Erkrankungen. Berlin, Heidelberg: Springer-Verlag.

Frasure-Smith, N.; Lesperance, F. (1993): Depression following myocardial infarction. Impact on 6-month survival. In: JAMA, Heft 270/1993, S. 1819-1825.

Frühwald, S. et al. (1999): Depressionen nach zerebrovaskulären Ereignissen. Überblick und Abgrenzung von anderen psychiatrischen Komplikationen. In: Fortschritte der Neurologie Psychiatrie, Heft 67/1999, S. 155-162.

Harris, E.C.; Barraclough, B. (1997): Suicide as an outcome for mental disorders. A metaanalysis. In: The British Journal of Psychiatry, 170/1997, S. 205-228.

Hautzinger, M. (2000): Depression im Alter. Erkennen, bewältigen, behandeln. Ein kognitiv-verhaltenstherapeutisches Gruppenprogramm. Weinheim: Psychologie Verlags Union/Verlagsgruppe Beltz.

Hautzinger, M. (2015): Depressive Störungen. In: Maercker, A. (Hrsg.). Alterspsychotherapie und klinische Gerontopsychologie (S. 119-138). Heidelberg: Springer-Verlag.

Hegerl, U.; Hoff, P. (2003): Depressionsbehandlung unter komplizierten Bedingungen. Komorbidität – Multimedikation – Geriatrische Patienten. Bremen: UNI-MED Verlag AG.

Helmchen, H.; Baltes, M.M. et al. (2010): Psychische Erkrankungen im Alter. In: Lindenberger, U. et al. (Hrsg.). Die Berliner Altersstudie (S. 209-244). Berlin: Akademie Verlag.

Heuft, G.; Kruse, A.; Radebold, H. (2006): Lehrbuch der Gerontopsychosomatik und Alterspsychotherapie. München: Ernst Reinhardt Verlag.

Hole, G. (1997): Depression und Melancholie. Tiefpunkt des Lebens aus theologischer und anthropologischer Sicht. In: Wolfersdorf, M. (Hrsg.). Depressionsstationen. Stationäre Depressionsbehandlung, Konzepte, Erfahrungen, Möglichkeiten heutiger Depressionsbehandlung (S. 101-112). Heidelberg: Springer-Verlag.

Huff, W.; Ruhrmann, S.; Sitzer, M. (2001): Diagnostik und Therapie der Depression nach Schlaganfall. In: Fortschritte Neurologie Psychiatrie, Heft 69/2001, S. 581-591.

Joukamaa, M. et al. (2001): Mental disorders and cause-specific mortality. In. British Journal of Psychiatry, Heft 179/2001, S. 498-502.

Kastor, M. (2003): Psychologie der Individualität. Mit Persönlichkeitstest. Würzberg: Verlag Königshausen & Neumann GmbH.

Kirch, W.; Hillger, C.; Schütte, U. et al. (2010): Prävention und Gesundheitsförderung. In: Lauterbach, K. et al. (Hrsg.). Gesundheitsökonomie, Management und Evidence- based Medicine. Handbuch für Praxis, Politik und Studium (S. 180-203). Stuttgart: Schattauer.

Kraepelin, E. (1896): Lehrbuch der Psychiatrie. Leipzig: Barth-Verlag.

Krug, E.G. et al. (2002): World report on violence and health. Genf, World Health Organization.

Kurz, A. (1997): Depression im Alter: Klassifikation, Differentialdiagnose und Psychopathologie. In: Radebold, H. et al. (Hrsg.). Depressionen im Alter (S.33-40). Darmstadt: Steinkopff Verlag.

Lehner, T. et al. (2011): Diabetes mellitus and comorbid depression: economic findings from a systematic literature review. In: Psychiatrische Praxis, Heft 38/2011, S. 369-375.

Lieb, R.; Isensee, B.; Hofler, M. et al. (2002): Parental major depression and the risk of depression and other mental disorders in offspring. A prospective-longitudinal community study. In: Archives of General Psychiatry, Heft 59/2002, S. 365-374.

Livingston, G.; Hawkins, A. et al. (1990): The Gospel Oak Study: Prevalence rates of dementia, depression and activity limitation among elderly residents in Inner London. In: Psychological Medicine Journal, Heft 20/1990, S.137-146.

Maercker, A. (2015): Psychologie des höheren Lebensalters. In: Maercker, A. (Hrsg.). Alterspsychotherapie und klinische Gerontopsychologie (S. 3-42). Heidelberg: Springer-Verlag.

Maier, W. (2004): Genetik der Depression. Gegenwärtiger Erkenntnisstand und Perspektiven. Bundesgesundheitsblatt – Gesundheitsforschung – Gesundheitsschutz, 47, S. 487-492.

McGuffin, P.; Rijsdijk, F. et al. (2003): The heritability of bipolar affective disorder and the genetic relationship to unipolar depression. In: Archives of General Psychiatry, Heft 60/2003, 497-502.

Meller, I.; Fichter, M. (2007): Psychiatrische Epidemiologie. In: Möller, H.-J. et al. (Hrsg.). Psychiatrie & Psychotherapie (S. 49-68). Heidelberg: Springer-Verlag.

Morris, P.L. et al. (1993): Association of depression with 10-year poststroke mortality. In: American Journal of Psychiatry, Heft 150/1993, S. 124-129.

Mortensen, P.B. et al. (2000): Psychiatric illness and risk factors for suicide in Denmark. In: The Lancet, Heft 1; 355 (9197), S. 9-12. Elsevier-Verlag.

Mühlig, S. et al. (2015): Epidemiologie und Versorgungsepidemiologie. In: Maercker, A. (Hrsg.). Alterspsychotherapie und klinische Gerontopsychologie (S. 43-70). Heidel- berg: Springer-Verlag.

Müller, N.; Strobach, D. (2005): Depressionen – Krankheitsbild und Therapie. Eschborn: Govi-Verlag.

Neubart, R. (2015): Physiologisches Altern und Krankheit. In: Neubart, R. (Hrsg.). Repetitorium Geriatrie. Geriatrische Grundversorgung – Zusatz-Weiterbildung Geriatrie – Schwerpunktbezeichnung Geriatrie (S. 3-7). Heidelberg: Springer-Verlag.

Pantel, J. (2010): Gerontopsychiatrische Krankheitslehre. In: Amberger, S.; Roll, S. (Hrsg.). Psychiatriepflege und Psychotherapie (S. 545-549). Stuttgart: Georg Thieme Verlag.

Riedel-Heller, S.G. et al. (2012): Depression im Alter. Herausforderung für eine Gesellschaft der Langlebigen. In: Der Nervenarzt, 11/2012, Volume 83, S. 1373-1378. Springer- Verlag.

Schneider, B. et al. (2013): Depression im Alter. In: Freitag, C. M. et al. (Hrsg.). Depressive Störungen über die Lebensspanne. Ätiologie, Diagnostik und Therapie (S. 65-77). Stuttgart: Kohlhammer.

Schnurr, S. (2011): Singularisierung im Alter. Altern im Kontext des demographischen Wandels. Münster: LIT-Verlag.

Schulz, R. et al. (2002): Depression as a risk factor for non-suicide mortality in the elderly. In: Biological Psychiatry Journal, Heft 52/2002, S. 205-225. Elsevier-Verlag.

Seitz, D. et al. (2010): Prevalence of psychiatric disorders among older adults in long-term care homes. A systematic review. In: International Psychogeriatrics Journal, Heft 22/2010, S. 1025-1039.

Stoppe, G. (2006): Alte. In: Stoppe, G. et al. (Hrsg.). Volkskrankheit Depression? Bestandsaufnahme und Perspektiven, S. 245-256. Berlin, Heidelberg: Springer-Verlag.

Stotz-Ingenlath, G. (2005): Depressive und andere affektive Störungen. In: Bergener, M. et al. (Hrsg.). Gerontopsychiatrie. Grundlagen, Klinik und Praxis (S. 564-613). Stuttgart: Wissenschaftliche Verlagsgesellschaft mbH.

Unützer, J. et al (2000): Quality adjusted life years in older adults with depressive symptoms and chronic medical disorders. In: International Psychogeriatrics Journal, Heft 12/ 2000, S. 15-33.

Waern, M. et al. (2002): Mental disorder in elderly suicides: a case-control study. In: The American Journal of Psychiatry, Heft 159/2002, S. 450-455.

Wernicke, T. F. et al. (2000): Epidemiologie von Depression und Demenz im Alter. In: Hegerl,

U. et al. (Hrsg.): Depression und Demenz im Alter. Abgrenzung, Wechselwirkungen, Diagnose, Therapie (S. 5-18). Wien/New York: Springer-Verlag.

Weyerer, S. (2017): Epidemiologie der Altersdepression. In: Fellgiebel, A.; Hautzinger, M. (Hrsg.). Altersdepression. Ein interdisziplinäres Handbuch (S.3-12). Berlin, Heidelberg: Springer-Verlag.

Weyerer, S. et al. (2008): Prevalence and risk factors for depression in non-demented primary care attenders aged 75 years and older. In: Journal of Affective Disorders, Heft 111/2008, S. 153-163.

Wiese, K. (2010): Von der Greisenrepublik bis Generation 50plus. Die sprachliche Darstellung von Altersbildern in ausgewählten Zeitschriften. Berlin: Pro BUSINESS GmbH.

Wilk, K.; Havers, I.; Bramesfeld, A. et al. (2007): Früherkennung von Depression und Prävention von Suizidalität im Alter. In: Public Health Forum, Heft 15, S. 26-28.

Wittchen, H.-U. et al. (2010): Depressive Erkrankungen. In: Gesundheitsberichterstattung des Bundes, Heft 51. Berlin: Robert Koch-Institut.

Wolfersdorf, M.; Schüler, M. (2005): Depression im Alter. Diagnostik, Therapie, Angehörigenarbeit und Fürsorge. Stuttgart: Kohlhammer.

Wolfersdorf, M. (2008): Depression und Suizid. Bundesgesundheitsblatt – Gesundheitsforschung – Gesundheitsschutz, 51(4), S. 443-450.

Wolfersdorf, M. (2011): Depressionen verstehen und bewältigen. Heidelberg: Springer-Verlag.

Internetquellen

DGGPP: http://www.dggpp.de/documents/gp_begr.pdf; letzter Zugriff: 13.12.2017. Wirtschaftswoche,vom 15.08.2017: http://www.wiwo.de/finanzen/vorsorge/renteneintrittsalter-

in-europa-wann-europaeer-in-den-ruhestandduerfen/20191092.htmlp=15&a=false&sl p=false #image; letzter Zugriff: 13.12.2017.